Architekturführer
Berlin-Mitte

Architekturführer
Berlin-Mitte

Herausgegeben von Dorothee Dubrau

DOM
publishers

Blick von Süden über Kreuzberg auf den Bezirk Mitte (2011)

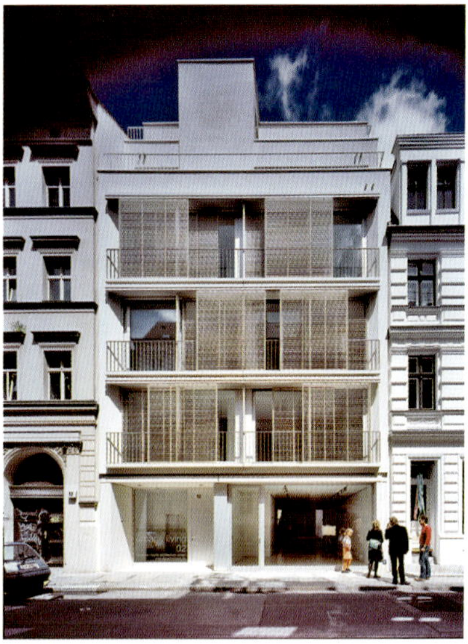

Gnädinger Architekten: Hauptstadtrepräsentanz der Otto Bock Healthcare GmbH (2010)

Bauen in Berlin-Mitte

Dorothee Dubrau

Am 16. November 2009 konnte ich – nach vier Jahren Arbeit – den *Architekturführer Berlin-Mitte* präsentieren. Zwei Bücher waren entstanden mit über 1.300 Projekten, 50 Essays und mehr als 2.000 Fotos. Ziel war es damals, nicht wieder die immer gleiche Anzahl bekannter Gebäude berühmter Architekten zu präsentieren. Mein Ansatz ging weiter: Es sollte die Komplexität des Berliner Baugeschehens der Jahre ab 1989 dokumentiert werden. Nicht nur Großprojekte, sondern auch viele der kleinen, oft im Verborgenen stehenden Bauwerke. Nicht nur Neubauten, sondern auch eine Vielzahl von sanierten Gebäuden. Berühmte Denkmäler ebenso wie die unzähligen kleinen Wohnhäuser und Remisen der Stadt, die kaum jemand kennt, die aber das besondere Flair Berlins ausmachen. Alles komplettiert mit Fotos aus verschiedenen Jahrzehnten und abgerundet durch persönliche Erinnerungen von 22 eng mit der Entwicklung der Berliner Mitte verbundenen Autoren an diese bewegte Zeit.
1,7 Kilogramm wiegen diese beiden Bände. Sie eignen sich gut für die häusliche Erkundung, sind aber etwas schwerer zu handhaben bei langen Spaziergängen durch die Berliner Mitte. Deswegen haben wir uns entschlossen, einen »kleinen Bruder« dieses Architekturführers herauszugeben. Er soll Sie bei Ihren Rundgängen durch das Zentrum der Hauptstadt begleiten und Lust machen auf das große, ausführliche Werk.
Einige Vorbemerkungen sollen Sie einstimmen auf die besondere Situation dieser Jahre nach dem Fall der Mauer, die das heutige Bild des Berliner Zentrums entscheidend geprägt haben.

Städtebauerfahrungen in Wendezeiten: vom geteilten zum vereinten Berlin

In den letzten Jahren der DDR hatte sich die offizielle Vorstellung vom Städtebau verändert. Während weiterhin die Plattenbau-Maschinerie Häuser von der Stange produzierte und immer neue Standorte am Rande der Stadt gesucht wurden, wo diese abgesetzt werden konnten, gab es erste innerstädtische Entwicklungen mit industriell hergestellten Bauten. Das Nikolaiviertel wurde als Adaption des historischen Viertels entwickelt, die Friedrichstadt sollte wiederentstehen. Zwar sollten nicht überall die historisch engen Straßenräume zurückgebaut, sondern Freiräume geschaffen und Plätze integriert werden, aber als Vorbild dienten die Grundmuster der barocken Stadt. Die Gründerzeitquartiere im Bezirk Prenzlauer Berg und die Spandauer Vorstadt wurden wiederentdeckt, es wurden erste Straßenzüge saniert und mit teilweise angepassten Plattenneubauten ergänzt. Allerdings sprengte man dafür an einigen Stellen die Altbauten, was teilweise erbitterten Widerstand hervorrief. Die Altbaugebiete avancierten zum Domizil für Künstler, Intellektuelle, Studenten, Bürgerbewegte; der Druck von unten auf die politisch Handelnden, endlich den Erhalt der alten Stadtkerne zu sichern, wurde immer größer. Auch dafür gingen wir auf die Straße. Der Erhalt der vorhandenen Bausubstanz unserer Städte war uns wichtig.
Dann kam die Wende. Jetzt sollte alles besser werden, konnten individuelle Konzepte und Bauten durchgesetzt werden. Endlich gab es Kapazitäten und auch Geld, um die Altbauten instand zu setzen. Die Sanierungsgebiete in Kreuzberg und im Tiergarten wurden durchstreift, IBA-Projekte untersucht, Pläne gemacht. Sehr schnell aber mussten wir erkennen, dass das idealisierte Bild schwer durchzusetzen war – selbst dann, wenn man eine der entscheidenden politischen Positionen innehatte, so wie es mir vergönnt war.
Ich kam aus einer Bürgerinitiative, war Sprecherin der *BI Luisenstadt* gewesen. In der Bezirkspolitik hatte ich mich engagiert und wurde nun, quasi von einem Tag zum anderen, Baustadträtin im Bezirk Berlin-Mitte – in einem Bezirk also, in dem sich schon kurz nach dem Mauerfall die Investoren der Welt tummelten.

Die Zeit schien aus den Fugen. Das Baufieber war ausgebrochen, Berlin wurde eine rosige Zukunft beschieden. Die Treuhandliegenschaftsgesellschaft, die OFD und das Land Berlin verkauften überall Grundstücke – immer zum maximalen Preis, häufig ohne Beachtung der städtebaulichen Ziele und der auf den Grundstücken noch vorhandenen Altbauten. Viele Investoren wollten Hochhäuser wie in der Leipziger Straße errichten; das Erstellen von Büroflächen stand im Vordergrund, nicht das Schaffen von Wohnraum. Bei den ins Unermessliche gestiegenen Grundstückspreisen eine aus betriebswirtschaftlicher Sicht logische, aber fatale Konsequenz. In der Friedrichstadt waren 24.000 bis 36.000 DM pro Quadratmeter die Norm, das teuerste Grundstück kostete 48.000 DM pro Quadratmeter. Es musste »sich rechnen« – das war die neue Devise.

Natürlich war uns das klar, das hatten wir schon bei Marx gelernt. Aber wir wollten auch eine Stadt bauen, unsere Ideale endlich verwirklichen. Lebendig sollte sie werden, die historischen Bauten sollten saniert werden – nicht nur die »Perlen«, sondern auch die »normalen« Wohngebäude und Büros –, Geschichte sollten sie erzählen. Neue, moderne Häuser sollten entstehen, gemischt mit Wohnungen, Büros, Geschäften und Cafés.

Aber wie das durchsetzen? Es gab keine Instrumentarien außer dem berühmten Paragraphen 34 des Baugesetzbuchs, der besagt, es könne so gebaut werden wie der Bestand in der Umgebung. Die Steuergesetzgebung bevorzugte Neubau, auf vielen Grundstücken lagen Restitutionsanträge. Das Investitionsvorranggesetz erleichterte Großinvestitionen, kleine Sanierungen im Bestand wurden eher erschwert, die Altbausanierung verzögerte sich um Jahre. Für einige Gebäude war das positiv, andere wurden jedoch in der Zwischenzeit abgerissen. Manche Investition kam nicht zustande. Oft war das gut, denn beim zweiten oder dritten Versuch wurde es besser.

Ich erinnere mich an die ersten Wochen im Amt. In mein winziges Büro in der Rosa-Luxemburg-Straße, sehr »ostig« möbliert mit einer MDW-Anbauwand mit integrierter Bar und anfänglich noch mit Gardinen an den Fenstern und Blümchentapete an der Wand, kamen Investoren aus der ganzen Welt und setzten sich mit mir und »meinen Damen« an einen Tisch. In Berlin-Mitte gab es eine starke, engagierte Frauencrew: Die Wirtschafts- und die Baustadträtin standen auf der Seite der Politik, ähnlich war es in der Verwaltung, und auch das Planungsamt und die Denkmalpflege waren frauendominiert – und alle waren noch sehr jung damals. Die Investoren dachten sich wohl: »Da kriegen wir jedes Projekt durch.« Doch stattdessen spürten sie unsere geballte weibliche Kraft, hinter der zudem eine konkrete Vorstellung von Stadtgestaltung stand. Wir hatten auch ein Stückchen Macht, schließlich brauchten alle den grünen Stempel der Bauaufsicht. Man konnte es sich nicht leisten, lange Widerspruchs- und Klageverfahren abzuwarten. Morgen sollte der Bagger kommen – »Zeit ist Geld« –, und jeder wollte mit seinem Gebäude der Erste sein. Also gab es inhaltliche Diskussionen um Nutzungskonzepte und um die Größe der Gebäude, um Denkmalschutz und Fassadengestaltung, um Anteil, Lage und Fläche der Wohnungen. Manchmal war es wie ein Handel auf dem Basar, aber meist kam es am Ende für beide Parteien zu akzeptablen Ergebnissen. Bis zu 3.000 Bauvorbescheide und Baugenehmigungen wurden so pro Jahr ausgestellt.

In der City-Ost wurde unendlich viel gebaut – fast zehnmal so viel wie in der City-West. Dahinter steht eine enorme Leistung aller am Baugeschehen Beteiligten: Sie haben es geschafft, aus dem Stand heraus diesen großen Anforderungen gerecht zu werden. Es wurde erreicht, dass die Friedrichstadt in ihren Grundzügen wiederentstanden ist – wenn auch höher und dichter, als sie es vorher jemals gewesen war. Die Gefahr ihrer kompletten Zerstörung ist jedoch gebannt worden. Wenn es hier auch heute immer noch zu wenige und davon zu viele kleine Wohnungen gibt, so ist es doch ein kleiner Erfolg, der sich wohltuend auf die Stadt auswirken wird. Inzwischen hat sich der Markt geändert und in Teilbereichen liegt der Grundstückspreis für Wohnbauten über dem für Bürobauten.

Dort, wo es gelungen ist, die Reste der historischen Stadt zu erhalten, die Geschichte zu bewahren, die alten Häuser mit adäquaten Inhalten zu füllen und mit neuen, modernen Gebäuden zu ergänzen, vielgestaltig in Nutzungsstrukturen und bezogen auf einen menschlichen Maßstab, überall dort entsteht das neue, lebendige Berlin. Sicher kann man an vielen einzelnen Bauwerken

Alt und Neu am Hausvogteiplatz: Apartmentgebäude neben marokkanischer Botschaft

Breite Straße/Gertraudenstraße: 1237 Geburtsort von Berlin, heute eine Verkehrswüste

heute herumkritteln. Aber was hier in so kurzer Zeit geleistet wurde, ist aus meiner Sicht beispielhaft. Wir haben unser Bestes gegeben und es waren meine spannendsten Jahre.

Die Planungen der ersten Jahre – Das schwierige Verhältnis zwischen Bezirk und Senat

Berlin ist nicht der Ort, in dem es wie in London oder Chicago über Jahre einen starken Bürgermeister gibt, der sich viele Partner sucht, um seine Vision der Stadt umzusetzen. Berlin ist ein Stadtstaat und hat eine zweistufige Verwaltung: den Senat – die Landesregierung – mit politischer Mehrheitsregierung und die Bezirke mit nach Proporzsystem aufgestellten Bezirksämtern. Häufig ändern sich die politischen Konstellationen. Das macht die Planungspraxis und Kultur nicht einfacher, aber vielfältiger.
Während Treuhand, Bund und Berlin als Verkäufer des Volkseigentums auftraten und sich Investoren aus aller Welt gegenseitig überboten, um einen Zipfel der Mitte Berlins bebauen zu können, sowie davon träumten, Bürohochhäuser in die Friedrichstadt zu setzen, um eine größtmögliche Rendite zu erreichen, kämpften wir um die Wiederherstellung der historischen Strukturen der alten Stadtteile. Dabei sollte eine Nutzungsmischung entstehen, in der das Wohnen eine wichtige Rolle spielt. Mit dieser Forderung stand ich mit meiner Bauabteilung am Anfang allein. Wen interessierte damals die Stadtgestalt, die Qualität der Architektur oder etwa ein Wohnanteil von 30 Prozent? Schnell sollte gebaut werden, die Menschen sollten sehen, dass die versprochenen »blühenden Landschaften« tatsächlich entstehen. In den Steuerungsrunden wurde ich wegen meiner Vorstellungen verlacht. Aber mir unterstand die Baugenehmigungsbehörde. Hier konnte ich verhandeln.
Dann rief Volker Hassemer, 1991–1996 Berliner Stadtentwicklungssenator (CDU), das *Stadtforum* ins Leben. Als grüne Baustadträtin des Bezirks Mitte war ich dort nie offizielles Mitglied, aber in den Diskussionen immer geduldet. Und der Bausenator Wolfgang Nagel (SPD) holte Hans Stimmann aus Lübeck nach Berlin, der mit Ulla Luther die *Architekturwerkstatt* gründete. Damit begann in Berlin eine neue Phase der Planungsqualität. In Foren und Gremien wurde

jetzt intensiver über die Theorie der Stadtentwicklung und über die Qualität des Bauens diskutiert, parallel dazu produzierten meine Ämter in der täglichen Praxis Baugenehmigungen. Aber es gab inhaltlich und politisch erstmals einen Rückhalt für gezielte Planungen.

Die kritische Rekonstruktion der historischen Innenstadt war dabei gemeinsames Ziel – auch wenn es Differenzen hinsichtlich der Ausformung gab. Meine Absicht war, nicht sklavisch an der Vergangenheit festzuhalten, sondern auch die neuen Bedürfnisse der Menschen zu integrieren, ein Wechselspiel von Enge und Weite zuzulassen, Räume offen zu halten für Begegnung, Cafés, Grün.

Und die Architektur? Ich bin eine Verfechterin einer eher steinernen Architektur in den historisch geprägten Bereichen. Nicht jedes Haus darf ein Paukenschlag sein – das ergibt eine schlechte Melodie. Das einzelne Gebäude soll sich einfügen und gemeinsam mit seinen Nachbarn ein interessantes Stadtgefüge bilden. Aber sind vorgehängte Steintapeten tatsächlich die richtige Lösung? Und mussten es immer dieselben Architekten sein, die zum Wettbewerb aufgefordert wurden oder in der Jury saßen? Da wünschte ich mir mehr Freiheit in der Architektur, insbesondere bei herausragenden Bauwerken und in den neu entwickelten Stadtteilen.

In dieser Zeit erfolgte die Architekturdiskussion zur Entwicklung des neuen Berlin meist anhand der Fassaden der neuen Gebäude in der Friedrichstraße, am Potsdamer und am Pariser Platz. Die eine Partei holte die größten Architekten der »Moderne« in die Stadt. Sie bauten hier Block an Block, im Sinne der kritischen Stadtrekonstruktion, das neue »steinerne Berlin«. Die andere Partei strebte den Wiederaufbau des kaiserlichen Berlin an. Das Schloss sollte (und wird) wiederentstehen, der Pariser Platz so aussehen wie vor einhundert Jahren. Jede Seite beharrte auf ihrem Standpunkt, gegenseitige Akzeptanz war wenig gefragt. Aber nur im Nebeneinander von Alt und Neu, in der Verknüpfung der verschiedenen Idealbilder kann sich Berlin weiterentwickeln und eine wirklich pulsierende Großstadt, eine funktionierende Hauptstadt werden. Die Diskussion um die »Inhalte« war doch so viel wichtiger als die um den Schnörkel an der Fassade. Ich glaube, dass in dieser Zeit trotzdem viele

Sergei Tchoban: Cubix-Kino (2001)

interessante stadtplanerische Ansätze gelungen sind. Es waren nicht immer die großen Bauten, die in der Friedrichstraße entstanden. Aber manchmal braucht man nur um die Ecke zu sehen und entdeckt die gewünschte Vielfalt.
Erste bemerkenswerte Projekte, wie die Rekonstruktion des Druckhauses Mosse, haben die spannende Verbindung von Alt und Neu hergestellt. Die Bebauung von Aldo Rossi in der Zimmerstraße zeigte erstmals, auch wenn die Architektur im Einzelnen wenig überzeugt, dass nicht immer der Großblock, der den Besucher klein und anonym macht, gebaut werden muss. Sie beweist vielmehr, dass es sich auch heute noch »rechnet«, einzelne Gebäude zu bauen: Häuser zum Wohnen, Häuser zum Arbeiten, mit Höfen, in denen Bäume und Bänke stehen. Zwei Blöcke weiter sollte ein kleiner Park angelegt werden. Nur 50 Prozent des ehemaligen Baublocks waren für die Bebauung geplant (das Projekt ist leider bis heute nicht realisiert). Der Abriss, der mit den Kriegszerstörungen und der Grenzziehung einhergegangen war, bot auch die Möglichkeit zur Schaffung von Freiraum. Frank O. Gehry zeigte mit der DZ Bank am Pariser Platz, dass auch trotz strengster Vorgaben eine außergewöhnliche Architektur entstehen kann.
An einigen Orten wurde die Diskussion um Glas oder Stein gebaute Realität. So stehen sich am Potsdamer Platz beide Architekturauffassungen fast feindlich gegenüber. Der ehemalige Bausenator Wolfgang Nagel hat dies in drastische Worte gekleidet: »Wie Stellvertreter des großen Streits um das steinerne und gläserne Berlin stehen die Türme von Piano, Kollhoff und Jahn einander gegenüber, fremd und unversöhnlich. Wie Reisende aus unterschiedlichen Welten und Zeiten, die sich zufällig treffen und sich nicht verständigen können, weil sie jeweils in ihrer Sprache weiterreden.«
Ein Projekt nach dem anderen entstand auch in der Spandauer Vorstadt: in kritischer Weiterentwicklung der Vergangenheit, mit funktional gemischten Objekten in moderner Architektur. Das Wohnen war wesentlicher Bestandteil der Planung. Auch hier wurde die Diskussion, ob Berlin ausschließlich in Stein gebaut werden darf oder ob auch gläserne Bauten in historisch überkommener Umgebung errichtet werden dürfen, lebhaft geführt. Nach langem Streit konnten Armand Grüntuch und Almut Ernst

Roger Bundschuh mit Cosima von Bonin und Philipp Baumhauer: L40 (2010)

den ersten Glasbau direkt neben den berühmten Hackeschen Höfen errichten. An diesem Gebäude wird sichtbar, dass beide Architekturauffassungen sich durchaus nicht unversöhnlich gegenüberstehen müssen, sondern dass es gelingen kann, sie harmonisch miteinander zu vereinen.

Auch bei den strategischen Planungen gab es differierende Auffassungen in Politik und Verwaltung. Jahrelang wurden die alten Vorstellungen aus DDR-Zeiten fortgeführt und geförderte Wohnungen am Stadtrand gebaut, ein enormer Schuldenberg für das Land Berlin wurde angehäuft, die Wissenschaft aus dem Zentrum nach Adlershof und Buch geschickt. Dafür gibt es noch heute in der Innenstadt riesige Brachen. Das *Planwerk Innenstadt* von Hans Stimmann sollte hier heilen und die Innenstadtentwicklung voranbringen. Dieses Ziel unterstützte ich immer – doch auch hier schieden sich die Geister bei der Ausführung. Meiner Ansicht nach wäre es die Aufgabe des Senatsbaudirektors gewesen, eine übergreifende Vision für das neue Berlin zu entwickeln sowie Nutzungsstrukturen und Verkehrskonzepte, Grünzüge und auch Wohnungsbaupotenziale festzulegen – nicht aber »Klötzchen zu schieben« und postmoderne Architektur zu suggerieren. Für problematisch halte ich auch die extreme Verdichtung von Gebieten der Fünfziger- und Sechzigerjahre, während andernorts noch große Innenstadtbrachen gähnen – zumal nicht jeder Bürger dieser Stadt in der Dichte einer Gründerzeitsiedlung wohnen möchte. Eine Metropole wie Berlin lebt von der Vielfalt. Diese muss erhalten und weiterentwickelt werden.

Die Mühen der Ebene

Ende der Neunzigerjahre wurde die Situation für das Bauen schwieriger. Der Elan der ersten Jahre war verebbt, der Investorendruck vermindert, die Schulden des Landes Berlin waren immer größer geworden. Damit wurde auch der politische Verhandlungsspielraum kleiner. Aber diese Situation brachte auch mehr Zeit, um zu planen und langfristige Strategien zu erarbeiten. Nicht mehr nur einzelne Projekte standen auf der Liste der zu bearbeitenden Themen. Zunehmend schoben sich die sozialen Probleme in den Vordergrund der Diskussionen um die Entwicklung der Stadt. Während weiterhin im Regierungsviertel, am Potsdamer

Platz und in der Friedrichstadt gebaut wurde, zeigten sich in den umliegenden Bereichen immer deutlicher die regionalen wirtschaftlichen Schwächen. Die hohe Zuwanderung von sozial schwächeren Schichten sowie Überalterungen im Wohnungsbestand haben die sozialen Strukturen in einigen Stadtteilen verschlechtert und die sozialen Unterschiede zwischen den einzelnen Bezirken stärker werden lassen. Es kam zu Verdrängungseffekten, Gentrifizierung und Segregation. Die Strategie der Stadterneuerung, die große Erfolge in den Ost-Berliner Stadtbereichen erzielt hat, wurde hier unwirksam. Es galt, neue Instrumente zu entwickeln. Dabei ging es nicht nur um die Sanierung schlechter Bausubstanz und die Verbesserung des öffentlichen Raums, sondern um einen integrativen Ansatz, bei dem Stadtplanung, Wirtschaftsförderung, Bildung, Kultur und soziale Arbeit miteinander verknüpft werden. So sind seit 1999 insgesamt 38 (aktuell: 34) Quartiersmanagementgebiete entstanden, davon allein im Bezirk Berlin-Mitte acht. Mithilfe der Städtebauförderung wurde ab 2008 das Programm *Aktive Stadtzentren* nach Berlin geholt. Zwei große Geschäftsstraßen – die Müller- und die Turmstraße – sollen mit dieser Förderung gestärkt werden.

Parallel dazu wuchsen die Schulden der Stadt ins Unermessliche, überall musste gespart werden. Durch den Einsatz der Mittel aus verschiedenen Förderprogrammen konnte weiterhin gebaut werden, aber die Gelder für Unterhaltungsmaßnahmen und Verwaltung verknappten sich. Um Kosten zu sparen, beschloss der Berliner Senat die Fusion der Stadtbezirke. Aus den bisher 23 Bezirken wurden zwölf. Mitte wurde mit Tiergarten und Wedding zusammengeschlossen und ist damit neben Friedrichshain-Kreuzberg der einzige Ost-West-Bezirk. Einerseits wurde es für die Verwaltung noch komplizierter, denn plötzlich gab es in den Leitungsebenen immer drei Personen; andererseits war es eine große Chance, die Qualitäten aus Ost und West miteinander zu verknüpfen und völlig neue Planungsebenen zu erschließen. Die Arbeit an der ersten gemeinsamen Bereichsentwicklungsplanung, breit diskutiert in Verwaltung, Politik und Bürgerschaft, wurde zum verbindenden Element in der Verwaltung. Die gegenseitigen, sehr unterschiedlichen Erfahrungen aus Investorendruck, Sanierung und Quartiersmanagement erbrachten völlig neue Erkenntnisse.

Für mich war es ein großen Erlebnis, mir noch einmal eine neue Welt zu erschließen und eine neue Verwaltung aufbauen zu dürfen. Aber es gab auch Erfahrungen, die nachdenklich stimmten. Im Gedächtnis ist mir besonders der Besuch in einem Kinder- und Jugendzentrum in Moabit geblieben. Ungläubig sah ich auf die abgegrenzten, mit Vorhängen versehenen Räume, in denen die Mädchen spielen konnten, geschützt vor den Augen fremder Männer. Nirgendwo sonst ist mir so deutlich das Problem der fehlenden Integration ausländischer Mitbürger vor Augen geführt worden sowie die Notwendigkeit, allen Bewohnern Berlins nicht nur eine lebenswerte Umwelt, sondern auch gleiche Bildungs- und Entwicklungsmöglichkeiten zu eröffnen.

Aktuelle Entwicklungen

Seit der Veröffentlichung der ersten Bücher sind drei Jahre vergangen. Der große Bauboom der Neunzigerjahre ist vorbei. Überschaubar ist die Anzahl der neuen Projekte. Zu meiner Freude hat sich das Wohnen in der Innenstadt weiter etabliert, diverse Wohnprojekte sind entstanden. Das Bewusstsein, dass ein Leben in der Stadt von hoher Lebensqualität ist, so wie wir es schon vor über 20 Jahren proklamierten, hat sich durchgesetzt. Allerdings findet man nur wenige dieser Projekte in Mitte, da Grund und Boden dort viel zu teuer sind. Prenzlauer Berg, Friedrichshain und Kreuzberg sind ihre Orte. Alt und Neu mischt sich genauso wie die Bewohnerschaft – nicht immer völlig konfliktfrei, denn die »Neuen« gehören meist auch zu den »Besserverdienenden«. Aber oft sind die Zugezogenen jung, haben Kinder und so werden Kontakte schnell geknüpft.

Büros sind nur dort entstanden, wo es von vornherein einen festen Nutzer gab. So etwa das Gebäude des *Science Center Medizintechnik* in der Ebertstraße 15, in der Nähe des Leipziger Platzes, das durch seine Architektur auffällt. Auch auf dem Grundstück des ehemaligen Wertheim-Kaufhauses am Leipziger Platz geht nach vielen Anläufen der Bau voran und soll voraussichtlich im Jahr 2014 fertiggestellt werden. Geplant ist hier eine Verbindung aus Einkaufen, Büros und Wohnen.

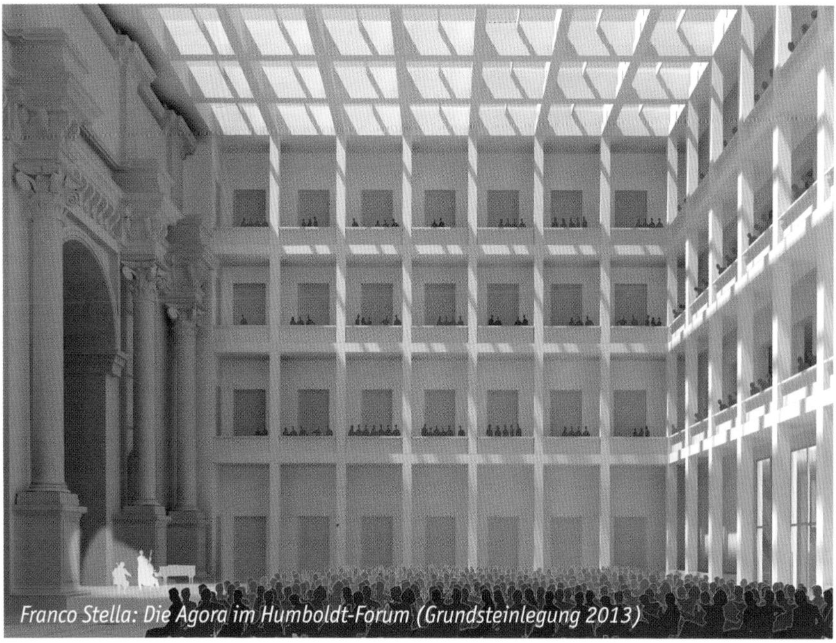

Franco Stella: Die Agora im Humboldt-Forum (Grundsteinlegung 2013)

Andere Großprojekte wie das Postfuhramt, das Haupttelegrafenamt oder das *Tacheles* warten dagegen noch immer auf ihre Realisierung. Durch die »Öffentliche Hand« wird insbesondere der öffentliche Raum qualifiziert. So glitzern auf Berlins *Boulevard der Stars* – dem *Walk of Fame* – am Potsdamer Platz seit 2010 die ersten Sterne mit den Namen bekannter deutscher Filmschaffender von Mario Adorf bis Hans Zimmermann. Im Herbst 2012 begann am Gendarmenmarkt die Umgestaltung des Platzes. Bis ins Detail hinein – ob beim Pflaster, bei den Bänken oder bei der Straßenbeleuchtung – werden Werterhaltung und architektonische Qualität berücksichtigt.

Und nicht zuletzt läuft die Vorbereitung für das Humboldt-Forum – den Wiederaufbau des Berliner Schlosses. Wie alle Berliner Schlösser ist auch dieses umstritten. War es richtig, den Palast der Republik abzureißen, und ist es damit logisch, die Schlossfassade wiederaufzubauen? Wäre ein Weiterbauen besser gewesen oder hätte man jetzt, wo diese große Leere in der Mitte der Stadt entstanden ist, nicht etwas Neues, Attraktives bauen, den »Bilbao-Effekt« nutzen können? Die Bundestagsabgeordneten haben sich mehrheitlich für das Wiederentstehen der Historie entschieden. Das ist Demokratie.

Die nächsten Diskussionen stehen an. Was passiert am Fernsehturm? Bleibt der große Citypark aus den Sechzigerjahren als ein wertvoller öffentlicher Freiraum erhalten oder werden auf mittelalterlichem Grundriss neue Townhäuser gebaut und der Fernsehturm wird in einen Hinterhof gestellt? Ich persönlich trete für den Erhalt und die Qualifizierung des Parks ein. Die Spandauer Vorstadt als Original der Altstadterweiterung ist erhalten geblieben und ein Anziehungspunkt für Touristen, die die Historie suchen. Der Fernsehturm ist ebenfalls eine Sehenswürdigkeit und darüber hinaus Zeugnis der jüngeren Geschichte. Aus meiner Sicht sollte man für beides einen Platz in der Mitte der Stadt haben. Aber darüber wird noch viel diskutiert. Ich jedenfalls werde mich weiter beteiligen und bin gespannt auf weitere neue Projekte.

Aber bei all den Bauwerken, die in den vergangenen 22 Jahren in Berlin-Mitte errichtet wurden und neu geplant werden, all den wunderbaren Parkanlagen sowie den vielen herausragenden Sanierungen, die ein Stück unserer Vergangenheit symbolisieren – die Schere zwischen Arm und Reich geht auch in Berlin immer weiter auseinander, steigende Preise und Wohnungsmangel kündigen sich bereits an. Hier erschließen sich die politischen Aufgaben für die Gegenwart und die Zukunft: Bildung und Arbeit für alle rücken immer stärker in den Mittelpunkt. Diese Ziele können jedoch nur erreicht werden, wenn es gelingt, die Lebenskraft, die Fantasie und die Tatkraft der Berliner Bürger weiterhin zu gewährleisten sowie allen Menschen eine positive Zukunft zu garantieren.

Das »Band des Bundes« (2011)

Das »Band des Bundes« im Modell von Axel Schultes und Charlotte Frank (1993)

Schloss Bellevue

C 001

Spreeweg 1
S Bellevue
52.516891, 13.35419

Architekt: Michael Philipp Daniel Boumann (1790), Sanierung: Pitz & Hoh Werkstatt für Architektur und Denkmalpflege GmbH (2006), Bauherr: Bundesamt für Bauwesen und Raumordnung

Das Schloss Bellevue wurde 1785–1786 von Michael Philipp Daniel Boumann erbaut. Auftraggeber war der jüngste Bruder von Friedrich II., Prinz August Ferdinand von Preußen. Der dreiflügelige Komplex ist das erste preußische Schloss, das im klassizistischen Stil gebaut wurde. Nachdem das Haus bis 1813 Sommerresidenz gewesen war, diente es im 19. Jahrhundert als Amtssitz für verschiedene staatliche Institutionen. Im Ersten Weltkrieg war es Sitzungshaus der Regierung und Obersten Heeresleitung. 1928 ging das Schloss in Staatsbesitz über. Zunächst zog 1935 das Staatliche Museum für deutsche Volkskunde ein, bevor das Gebäude 1939 zum Reichsgästehaus umgebaut wurde. Seitdem hat es in wechselnden Eigenschaften der staatlichen Repräsentation gedient. Der Wiederaufbau und die Herrichtung zum provisorischen Amtssitz des Bundespräsidenten erfolgten 1955–1959 durch Scheper und Schwennicke sowie 1986/1987 durch Meitinger (Interieurs). Seit 1994 ist Schloss Bellevue ständiger erster Sitz des Staatsoberhaupts. Diskussionen zu Beginn der Neunzigerjahre über den Umzug des Bundespräsidenten in das Kronprinzenpalais Unter den Linden verliefen glücklicherweise im Sande.

Bundespräsidialamt

C 002

Spreeweg 1
S Bellevue
52.515956, 13.351943

Architekt: Martin Gruber, Helmut Kleine-Kraneburg (1998), Bauherr: Bundesamt für Bauwesen und Raumordnung

Das Bundespräsidialamt war die erste Bundesinstitution, die 1994 den Hauptstadtbeschluss in die Tat umsetzte und vom Rhein an die Spree zog. Weil Schloss Bellevue für den Verwaltungsstab des Staatsoberhaupts nicht genügend Platz bot, wurde im angrenzenden Englischen Garten ein Neubau errichtet. Die schwarze Granithaut des in den dichten Baumbestand des Tiergartens eingebetteten elliptischen Baukörpers macht aber die Anwesenheit dieses Verfassungsorgans fast schon wieder zu einem Staatsgeheimnis. Im Kontrast zur glänzend schwarzen Fassade sind die Büros und die glasüberdachte Halle des Amtsgebäudes in Weiß gehalten und von Licht durchdrungen. Behörde und Amtssitz des Bundespräsidenten eint die in sich ruhende stille Noblesse abseits der Hektik von Stadtbetrieb und Diplomatie.

Reichstag – Deutscher Bundestag

C 003

Platz der Republik
U *Bundestag*

Architekt: Paul Wallot (1894), Umbau: Norman Foster & Associates (1999), Bauherr: Bundesbaugesellschaft Berlin mbH

Wie kein zweites Haus vereint das Reichstagsgebäude in sich die Geschicke der erst jungen deutschen Nation. Die Narben und Spuren der Zeitläufte sind dem Bau von der Außenhaut bis in sein Innenleben eingegraben und belegen, dass Architektur mehr ist als einfach nur Fassade. Hier ist alles Symbol. Und genau dies macht den Umbau des britischen Architekten Norman Foster aus: Er hat diese Spuren wieder sichtbar werden lassen – bis hin zu den Namenszügen, die Rotarmisten 1945 mit verkohlten Hölzern an den Wänden hinterlassen haben. Vom Wiederaufbau nach den Kriegszerstörungen durch Paul Baumgarten in den Sechzigerjahren ist allerdings wenig übrig geblieben. Bei dem im Jahr 1992 durchgeführten Wettbewerb wurden gleich drei erste Preise vergeben: an Sir Norman Foster (Großbritannien), Santiago Calatrava (Spanien) und Pi de Bruijn (Niederlande). Am Ende konnte Foster den Wettbewerb für sich und sein Büro entscheiden. Das Gebäude wurde bis auf die Grundmauern zurückgebaut. Beim Neuaufbau hat Foster dem Haus seine traditionelle Würde in zeitgemäßer Form wiedergegeben. Am sichtbarsten ist dies in der Kuppel, in der die Bürger ihren Volksvertretern sprichwörtlich auf's Dach steigen können und sich in Augenhöhe zu den Fraktionen in den Türmen bewegen. Im ursprünglichen Konzept war übrigens ein freitragendes Glasdach vorgesehen – die Kuppel wurde vom Parlament zusätzlich beauftragt. Foster löste diese Aufgabe nach einhelliger Auffassung perfekt. Mit der »Fetten Henne«, dem Bundesadler im Plenarsaal, vereint dieses Haus vom Sockel bis zur Kuppelspitze den schwierigen Weg der Deutschen zu sich selbst in einer Synthese aus Autorität, freiheitlichem Bürgersinn und Friedfertigkeit.

Platz der Republik

C 004

Platz der Republik
U *Bundestag*
52.518582, 13.374936

Landschaftsarchitekt: Lützow 7, Cornelia Müller, Jan Wehberg (2002), Bauherr: DSK/ Bundesrepublik Deutschland

Nichts dokumentiert hier mehr das Zusammenfließen von Bürgerstadt und frei gewählter Staatsgewalt als die Grünflächen. Zugleich ordnen sie das durch die Bundesbauten entstandene neue Gefüge gegenüber dem im 19. Jahrhundert als Landschaftspark gestalteten Tiergarten. Nach der Devise »schlicht und repräsentativ« haben die Landschaftsarchitekten mit ihrem Gesamtkonzept überzeugt. Im Zusammenspiel mit dem Reichstagsgebäude stellt sich der Platz der Republik als offene, grüne Anlage dar. Lockere Solitärbaumbepflanzungen, kontrastiert durch strenge Heckenfragmente, von denen die Rasenflächen eingefasst werden, nehmen die Dimensionen der umliegenden Regierungsgebäude auf und lassen die Sichtbeziehungen zwischen Park und Regierungsviertel erlebbar werden. Ein befestigter Bereich vor der Westvorfahrt und -treppe des Reichstagsgebäudes kann für protokollarische Anlässe genutzt werden. Großzügige Promenaden schließen an die Gehwege an. Nachts ist die Anlage pointiert beleuchtet. Im Bewusstsein der Berliner war Fußball in dieser Hinsicht ein großes Diskussionsthema, denn zu Mauerzeiten wurde der Platz intensiv durch die Sportler genutzt. Nun, als zentraler Ort Berlins, soll er allen Menschen gehören. Eine Ausnahme war die Fußball-WM 2006. Die entfernten Bäume und Sträucher für das an dem sonst geschützten Ort aufgebaute Stadion wurden hernach originalgetreu wiederhergestellt.

Ebertplatz

C 005

Ebertplatz
U *Bundestag*
52.519239, 13.377086

Landschaftsarchitekt: Lützow 7, Cornelia Müller, Jan Wehberg (2002), Bauherr: DSK/ Bundesrepublik Deutschland

Der Ebertplatz ist als Entree des Parlamentsgebäudes des Deutschen Bundestags Ort der Begegnung von Öffentlichkeit und Politik. Seine Gestaltung trägt beiden Funktionen Rechnung: Einzelne Platanen reichen an das Reichstagsgebäude heran, während eine Baumgruppe die großen Bäume im Garten des Reichspräsidentenpalais ergänzt.

U-Bahnhof Bundestag

C 006

Paul-Löbe-Allee,
Otto-von-Bismarck-Allee
U *Bundestag*

Architekt: Schultes Frank Architekten (2009), Bauherr: Berliner Verkehrsbetriebe (BVG), Senatsverwaltung für Stadtentwicklung

Mit dem Bau der umstrittenen sogenannten Kanzlerbahn wurde schon Mitte der Neunzigerjahre begonnen; die Fertigstellung zur Fußball-WM 2006 klappte jedoch nicht. Bis Ende 2008 wurde der vom Kanzleramtsarchitekten Schultes in typischer Manier gestaltete Bahnhof für Events zwischengenutzt.

Bundeskanzleramt

C 007

Willy-Brandt-Straße 1
U *Bundestag*
52.520200, 13.370786

Architekt: Schultes Frank Architekten (2000), Landschaftsarchitekt: Lützow 7, Bauherr: Bundesbaugesellschaft Berlin mbH

Das Bundeskanzleramt bildet den westlichen Abschluss des »Band des Bundes« als städtebauliche Figur der Staatsgewalt. Der ein wenig üppig geratene Komplex ist mit Ehrenhof, Kanzlergarten und Kanzlerpark wie ein Palais gebaut. Mittelpunkt und Blickfang der über die Spree greifenden Anlage ist ein alles überragender, knapp 40 Meter hoher Würfel (von den Berlinern als »Waschmaschine« bezeichnet), der von Flügelbauten flankiert wird. In diesem Kubus befinden sich die Kanzlerbüros, die Arbeitsräume der Staatsminister, der Kabinettsaal und der Internationale Konferenzsaal. Die Flügelbauten beherbergen die Verwaltung. Während der Kubus des Kanzlerhauses mit der Kuppel des Parlaments im Reichstag korrespondiert, verhalten sich die Verwaltungsflügel entsprechend der Abfolge der Verwaltungsbauten im »Band des Bundes«. Dabei vereint das Bundeskanzleramt in sich jenes ästhetische Wechselspiel aus Glas, Naturstein und Grünzügen von innen nach außen, das auch das Regierungsviertel bestimmt. Jeweils 30 Büros öffnen sich zu einem der 13 Wintergärten, die zugleich eine thermische Aufgabe erfüllen. Das Forum *Cour d'honneur* im Osten, der Ehrenhof, dient dem Empfang der Staatsgäste, im Westen lädt der erhöht liegende Kanzlergarten zum Verweilen ein. Solarenenergie und die Versorgung aus einem pflanzenölbetriebenen Blockheizkraftwerk machen dieses Gebäude zu einem Musterbeispiel regenerativer Energienutzung.

Bürgerforum ≈ ⌐ C 008

Paul-Löbe- und Otto-von-Bismarck-Allee
U *Bundestag*

Architekt: Lützow 7, Cornelia Müller, Jan Wehberg (unvollendet), Bauherr: DSK/Bundesrepublik Deutschland

Das Bürgerforum ist ein wesentlicher Baustein innerhalb des »Band des Bundes«. Zwischen Bundeskanzleramt und Paul-Löbe-Haus ist es quasi das Durchgangszimmer zwischen Stadt und Landschaftspark. Parallel zur Paul-Löbe- und Otto-von-Bismarck-Allee sollen dichte Baumreihen – Rot-Ahornbäume bilden die Fortführung der baulichen Gebäudekanten – die Achse dieses Architekturbandes zwischen Bundeskanzleramt und dem Haus der Parlamentarier schließen und einen Platz bilden. Dieser korrespondiert mit Magnolienhain und Wasserspiel mit dem Ehrenhof der Kanzlerresidenz und der Wandelhalle samt überdachtem Vorplatz des Parlamentarierhauses. Das von Schultes ursprünglich geplante Bürgerforum wurde wegen der Verkehrsführung und wohl auch aus Geldmangel nicht vollendet.

Paul-Löbe-Haus ≈ C 009

Konrad-Adenauer-Straße/ Otto-von-Bismarck-Allee
U *Bundestag*

Architekt: Stephan Braunfels (2003) Bauherr: Bundesbaugesellschaft Berlin mbH

In einer schönen architektonischen Allegorie hat Stephan Braunfels mit diesem Haus für die Bundestagsabgeordneten die Volksvertreter auf Augenhöhe zum Bundeskanzler positioniert. Während die seitlichen Innenhöfe die beide Häuser verbindende kammartige Struktur fortsetzen, ist es im Inneren die riesige lichte Halle, die in West-Ost-Richtung das Rückgrat des Gebäudes bildet. Das dem Bundeskanzleramt zugewandte riesige Vordach über der gläsernen Front des Hauses erweckt von innen den Eindruck, als ob der Park zwischen dem nach dem letzten demokratischen Reichstagspräsidenten der Weimarer Republik benannten Gebäude und dem Bundeskanzleramt dazugehöre. In Wirklichkeit schiebt sich hier jedoch zwischen Legislative und Exekutive der Republik symbolisch der Ort für den Bürger als Souverän.

Marie-Elisabeth-Lüders-Haus C 010

Spreebogen/Schiffbauerdamm
U Bundestag
52.519831, 13.377748

Architekt: Stephan Braunfels (2000), Bauherr: Bundesbaugesellschaft Berlin mbH

Das nach der liberalen Politikerin und einer der bedeutendsten Vertreterinnen der frühen Frauenbewegung benannte Haus ist, neben dem Paul-Löbe-Haus, der östliche Teil des »Band des Bundes«. Dieses verbindet über die Spree hinweg die einst durch die Mauer getrennten Berliner Stadthälften und symbolisiert damit die Wiedervereinigung Berlins und Deutschlands. Eine Fußgängerbrücke mit einer Ebene für Stadtflaneure und einer für die Regierungsbediensteten verbindet beide Häuser über die Spree miteinander. Die zum Brückenschlag ausgreifenden Dächer unterstreichen die Zusammengehörigkeit der Bauten. Weil dieser Brückenschlag in der Andeutung verweilt, kann dies auch als ein Hinweis auf die noch nicht vollendete deutsche Wiedervereinigung gesehen werden. Sie bleibt ein schmaler Grat – symbolisiert durch den Fußgängersteg, in den haushohen Glasfronten allegorisch in zuweilen riesigen Geometrien verpackt. Auch funktional sind beide Bauten miteinander verbunden. Im Marie-Elisabeth-Lüders-Haus befindet sich mit Bibliothek, Wissenschaftlichem Dienst und Archiv die geistige Schatzkammer der Bundespolitik. Nach dem Abriss des legendär gewordenen Plattenwohngebäudes an der Luisenstraße war der Platz frei für die Erweiterung. Diese wird bis zur Luisenstraße herangeführt und öffnet das Parlamentsviertel noch mehr zur Stadt. Bis 2014 ensteht dort ein neuer Haupteingang mit Freitreppe, die in eine große, rotundenartige Eingangshalle führt. Die hängende Skulptur *Kosmos 70* von Bernhard Heiliger (bis 1994 im Reichstag) wird hier künftig zu sehen sein.

Spreebogenpark

C 011

Willy-Brandt-Straße,
Otto-von-Bismarck-Straße
U Bundestag

Landschaftsarchitekt: w+s Landschaftsarchitekten, Bauherr: DSK Deutsche Stadt- und Grundstücksentwicklungsgesellschaft mbH

Der Spreebogenpark ist als Wechselspiel zwischen Alt und Neu, Herkömmlichem und Ungewohntem, Artifiziellem und Naturnahem gestaltet. So gestattet der innere Park als weitläufige Anlage mit einzelnen Baumgruppen, Wegen, Wiesen und einem Pavillon vielfältige Nutzungen: Spiel, Sport, Konzerte, Sonnenbaden, Ausruhen, Zusammensein. Die Aufschüttung im mittleren Bereich, auf das gegen Norden hin leicht ansteigende Terrain, und der Einschnitt, das »Landschaftsfenster«, inszenieren die Situation. Der mit zwei Stahlplatten gefasste Einschnitt betont die historische Blickbeziehung zum anderen Ufer, zum Hafen, durch die begehbare horizontale Fläche. Exakt formulierte Übergänge zur Spree bilden markante städtische Begrenzungen gen Norden. Der Panoramaweg führt über das alte Naturstein-Deckwerk und über Terrassen entlang der nördlichen Parkkante. Abends wird der Bogen der Spree durch Bodenstrahler an der Uferpromenade betont.

Kindertagesstätte

C 012

Otto-von-Bismarck-Allee 2
U Bundestag
52.520924, 13.374869

Architekt: Gustav Peichl & Partner (1999), Bauherr: Bundesbaugesellschaft Berlin mbH

Aufgrund des Bauherrn haftet dieser Kindertagesstätte ein exklusiver Hauch an. Und die Architektur mit den zwei nebeneinander liegenden Kuppeln tut ein Übriges: Die am östlichen Eingang zum Regierungsviertel gelegene Kita war ursprünglich für die Kinder der Bundestagsabgeordneten gedacht. Inzwischen ist sie dem gesamten Berliner Nachwuchs zugänglich. Mit ihrem symbolhaften Charakter verweist die Architektur auf die Funktion des Hauses. Da sind nicht nur die beiden Kuppeln, unter denen sich die Ruheräume befinden, auch im dreieckigen Grundriss zeigt sich, dass es hier darum geht, Geborgenheit zu vermitteln. Zusammen mit den sich gegenüberliegenden Pultdachbauten, dem begrünten Dach als Spielplatz, einem Spielgarten und den Lichthöfen ist dieses Gebäude eine Allegorie für Obhut und Natur. Denn mit Solarenergie, Regenwasserkreislauf und natürlicher Lüftung zeigt dieses Haus, dass Kreislaufwirtschaft bis in den Mikrokosmos hinein mit gutem Willen technisch möglich ist.

Bundespressekonferenz C 013

Reinhardtstraße 53–59
U *Bundestag*
52.52155, 13.377640

Architekt: Nalbach + Nalbach (2000), Landschaftsarchitekt: Lützow 7, Cornelia Müller, Jan Wehberg (2000), Bauherr: Allianz Grundstücks GmbH

Im Haus der Bundespressekonferenz arbeiten über 900 Parlamentskorrespondenten von in- und ausländischen Medien, die sich zu einem privatrechtlichen Verein zusammengeschlossen haben und über das bundespolitische Geschehen informieren. Das Haus in Gehweite zur Regierungsstadt hat somit nicht nur im übertragenen, sondern auch im geografischen Sinne wie kein zweites das Geschehen der großen Politik im Blick. Die Architektur des sechs- plus zweigeschosshohen Gebäudes entwickelt sich aus dem Ausdruckswillen der Parlamentsschiene. Sie will nicht übertrumpfen, sondern klare Verhältnisse schaffen, indem sie sich zurückhält und gleichzeitig Strenge auferlegt – die Grundlage jeder Freiheit. Das zeigt sich in vielschichtiger Entfaltung: nach innen für die Gebäudeorganisation sowie nach außen für den Stadtraum. Der Pressesaal mit seinen riesigen Fenstern zum Schiffbauerdamm verbindet die Außenwelt mit dem journalistischen Innenleben; Drehscheibe des Geschehens ist die zentrale Halle des Gebäudes. Von weißen Fassaden umschlossen, wird sie durch ein transparentes Glasdach geschützt. Die helle Gestaltung reflektiert das Tageslicht und bestimmt das angenehme Lichtmilieu in den Arbeitsräumen. Für die nächtliche Beleuchtung sorgen unterschiedliche Lichtquellen: ein ebenerdiger Glasfries, der die Erdgeschosswände dezent illuminiert, Lichtbänder an den Unterseiten der Fassadenvorsprünge, die einen geschossweisen Lichtschleier bilden, sowie Akzentbeleuchtung, die über einen Lichtspiegel an der Dachkonstruktion umgelenkt wird und die Treppe mit den flankierenden Baumgruppen hervorhebt. Das verwendete Fassadenmaterial sorgt für eine weitgehende Schallabsorption. Aus dem Treppenpodest zum Pressesaal ergießt sich ein Dauerregen, der eine angenehme Geräuschkulisse und gute Raumbefeuchtung erzeugt.

Hauptbahnhof

A 014

Europa-Platz
S U *Hauptbahnhof*
52.526106, 13.368812

Architekt: gmp Architekten (2006), Bauherr: Deutsche Bahn AG

Ein Jahrhundert-Traum ist mit dem neuen gläsernen Kreuzungsbahnhof im Spreebogen in Erfüllung gegangen. Pünktlich zu der in Deutschland ausgetragenen Fußballweltmeisterschaft 2006, am 26. Mai 2006, wurde der Berliner Hauptbahnhof in Anwesenheit von Bundeskanzlerin Angela Merkel mit einer großen Feier eröffnet. Berlin hat nun einen Hauptbahnhof, und zwar Europas größten und modernsten Kreuzungsbahnhof. Die Ideen zu einem Schienenachsenkreuz gehen, parallel zu denen für ein ebenso monumentales Straßenkreuz, weit zurück. Martin Mächler hatte schon 1917 dafür eine Studie geliefert, die Albert Speer 20 Jahre später als Generalbauinspektor für die Umgestaltung der Reichshauptstadt dankbar aufgriff. Die Idee wurde in Architekturmodellen zur vollendeten Tatsache und gewann im Stadtbild fragmentarisch erste Konturen. Aber es ist der Demokratie als Baumeister zu verdanken, ähnlich wie beim Regierungsviertel das Monströse letztlich in humanen Dimensionen verwirklicht zu haben. Die ersten Ideenskizzen entstanden Anfang der Neunzigerjahre. Bis 1998 wurden die ersten Baugruben erstellt, mit der Grundsteinlegung am 9. September 1998 begann der Bahnhofsbau. Nun hat Berlin beides: ein Regierungsviertel und einen Hauptbahnhof. »Band des Bundes« und Kreuzungsbahnhof sind ästhetisch aufeinander abgestimmt und einander zugeordnet. Der neue Hauptbahnhof hat das längst überholte und durch Krieg, Abriss und Teilung lahmgelegte System von Ringbahnhöfen zeitgemäß abgelöst. Es ist der größte Eingriff in das städtische Schienensystem der Stadt seit dem Beginn der Eisenbahnepoche: Täglich fahren nun rund 1.100 Züge den Bahnhof an und es passieren ihn bis zu 300.000 Reisende und Besucher. Schätzungen zufolge wird die Zahl der

Passagiere bis zum Jahr 2015 auf jährlich mehr als 19 Millionen steigen. Um diesen hohen Fahrgastzahlen gerecht zu werden, wurde ein Bahnverkehrskonzept entwickelt, das in seiner Form an einen Pilz erinnert. Der neue Hauptbahnhof ist Knotenpunkt der Fern- und Regionalbahnstrecken. Züge aus Hamburg, Rostock, Stralsund und Stettin erreichen ihn über den nördlichen Berliner Innenring und verlassen Berlin in Richtung Süden über den Bahnhof Südkreuz. Züge der Ost-West-Richtung bleiben auf der Stadtbahnstrecke. Für das Hamburger Architekturbüro von Gerkan, Marg und Partner war die Bedeutung des neuen Berliner Hauptbahnhofs als Schnittstelle im zusammenwachsenden Europa der bestimmende Faktor des Entwurfs. Großzügig und lichtdurchflutet ist die Architektur. Die 321 Meter lange gläserne Halle der in Ost-West-Richtung verlaufenden Stadtbahn wird von der in

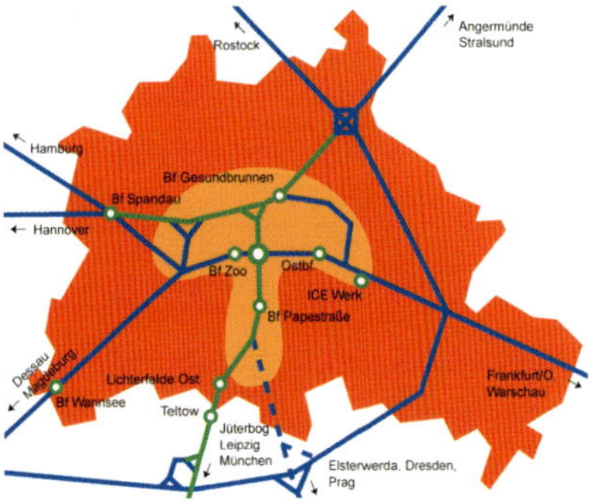

Pilzkonzept

Nord-Süd-Richtung verlaufenden, 160 Meter langen und 40 Meter breiten Bahnhofshalle gekreuzt. Ein raffiniertes System großer Öffnungen in den Decken aller Ebenen lässt Tageslicht bis zu den unteren Gleisen gelangen. Die acht Gleise der Nord-Süd-Verbindung, 15 Meter unter der Erde, und die Gleise der Ost-West-Verbindung, die sich zehn Meter über dem Straßenniveau befinden, bilden den markanten Kreuzungsbahnhof. Dafür wurden eine halbe Million Kubikmeter Beton – ausreichend für 65 Kilometer Autobahnen – sowie 85.000 Tonnen Stahl für die Bewehrung des Betons verarbeitet. Das Bahnhofsgebäude umfasst 70.000 Quadratmeter Geschossfläche. Hinzu kommen zwei 46 Meter hohe zwölfgeschossige Bürohäuser, die sogenannten Bügelbauten, die die Stadtbahn überspannen. Sie bilden einen weithin sichtbaren Rahmen und betonen den Kreuzungscharakter des Bahnhofs. Höher als das nahe gelegene Bundeskanzleramt, überragen sie das Glasdach der Gleise wie Brücken. Dieses Dach auf den neuen Stadtbahnbrücken wurde computergestützt konstruiert und gefertigt. 23 stählerne Dachbinder schlagen einen 16 Meter hohen und bis zu 68 Meter weiten Bogen, 85 Kilometer Stahlseile geben ihm Halt. Auf etwa 1.700 Quadratmetern der Fläche des Hallendachs ist seit Juli 2003 eine Fotovoltaikanlage in Betrieb. Jährlich liefert diese Anlage knapp zwei Prozent des Stromverbrauchs des Hauptbahnhofs.

NOVOTEL

Fernsehturm

D 015

Panoramastraße 2
S U Alexanderplatz
52.521197, 13.409630

Architekt: Fritz Dieter, Günter Franke, Werner Arendt (1969), Sanierung: Planungsgruppe Fünf, Hoffmann Uehlendahl (2001)

Schon wenige Tage nach seiner Eröffnung im Jahr 1969 hatte die flinke Berliner Schnauze Berlins höchstem Gebäude den Namen »Telespargel« verpasst. Die hexagonalen Raster der Pavillons und die weit auskragenden Betonfaltflächen der Dächer der Umbauung erklären die Pflanzenmetapher. Städtebaulich und im Detail ist der Fernsehturm ein Phänomen. Geschickt in die Sichtachse vieler Hauptverkehrsadern platziert, markiert er den Mittelpunkt der Stadt. Es ist dem Fortschrittsglauben seiner Entstehungszeit zu verdanken, dass ein ideologisch so neutrales Bauwerk einen derartigen Rang einnehmen konnte. Vom heutigen Schlossplatz aus gesehen, stand der Turm in der Mittelachse des damaligen Palastes der Republik. Heute ist er für Neuankömmlinge eine Kompassnadel, um sich im Dschungel der Hauptstadt zu orientieren. Besonders zu empfehlen ist der Besuch der Aussichtsplattform und des Cafés in der Kugel. Einerseits hat man von hier aus wie von keiner anderen Stelle der Stadt einen wunderbaren Blick auf das Berliner Zentrum, andererseits ist die penibel restaurierte Architektur der Sechzigerjahre ein Genuss und Ausdruck der hohen gestalterischen Qualität, die es auch in diesem Jahrzehnt gegeben hat.

Wasserkaskaden

D 016

Panoramastraße 2
S U Alexanderplatz
52.520202, 13.408142

Architekt: Dr. Herzog und Kollektiv (1971), Sanierung: Bezirksamt Mitte von Berlin (2006), Bauherr: Bezirksamt Mitte

Die mehrstufigen Wasserkaskaden, gebaut zum 20. Jahrestag der DDR im Zusammenhang mit der Neugestaltung des Alexanderplatzes und des noch immer namenlosen Bereichs um den Fernsehturm, sind eine der größten und attraktivsten Brunnenanlagen der Stadt. In den Neunzigerjahren wurde immer wieder über den Abbau dieser Anlage und über die Wiedererrichtung des Marienviertels, des Altstadtkerns um die Marienkirche, diskutiert – beziehungsweise bei einer Nichtbebauung über eine Neugestaltung der Gartenanlage. So wurde die Instandhaltung der Brunnen jahrelang vernachlässigt. Im Jahr 2005 gelang es dann endlich, die Finanzierung für eine komplette Sanierung der Wasserkaskaden aus dem Europäischen Strukturfonds zu erreichen.

Marienkirche

D 017

Karl-Liebknecht-Straße 8
S U *Alexanderplatz*
52.520467, 13.40638

Architekt: unbekannt (um 1320), Sanierung: Klaus Block u. a. (1992), Bauherr: Evangelische Landeskirche Berlin-Brandenburg

Die Marienkirche ist neben der Nikolaikirche und der Heilig-Geist-Kapelle das älteste in Berlin erhaltene Gebäude. Zugleich ist sie eines von drei vollständig erhaltenen Bauzeugnissen der mittelalterlichen Bürgerstadt, die mit dem Umbau Berlins zur Reichshauptstadt im 19. Jahrhundert sukzessive abgerissen wurde. Die Marienkirche steht für das rasche Wachstum der Doppelsiedlung Berlin-Cölln um eine Neustadt herum. Urkundlich ist der Sakralbau erstmals 1292 bezeugt, dort wird er als Pfarrkirche der Neustadt am »Neuen Markt« bezeichnet. Nach der Fertigstellung im frühen 14. Jahrhundert erfolgten mehrere Umbauten, zuletzt 1790 mit dem Turmhelm im neogotischen Stil von Carl Gotthard Langhans. Ansonsten ist die Kirche mit dem für märkisch-pommersche Sakralbauten typischen Grundriss authentisch erhalten. Seit Ende des 19. Jahrhunderts als stadtbildprägender Bau frei stehend, wurden nach dem Zweiten Weltkrieg auch die letzten Häuser weggeräumt, um eine dem Leitbild der »sozialistischen Stadt« gemäße Staatsachse mit dem Fernsehturm als städtebauliche Dominante herzustellen. Seither wirkt die Kirche wie ein Exponat in einem Freilichtmuseum. In der Turmhalle ist eines der bedeutendsten erhaltenen mittelalterlichen Kunstwerke der Hauptstadt zu besichtigen: der *Berliner Totentanz* (um 1490).

Denkmal »Block der Frauen«

D 018

Rosenstraße
S *Hackescher Markt*
52.521374, 13.405175

Künstler: Ingeborg Hunzinger, Anna Franziska Schwarzbach (1995), Bauherr: Land Berlin

Am 27. Februar 1943 wurden rund 2.000 Berliner Juden, hauptsächlich Männer, in einem Verwaltungsbau in der Rosenstraße 2–4 interniert. Sie alle galten als »arisch versippt«, waren also Partner nicht-jüdischer Bürger oder Kinder aus einer sogenannten Mischehe. Doch ließen sich mehrere Hundert Ehefrauen und Angehörige weder durch Drohungen noch mit Waffengewalt davon abbringen, in der Rosenstraße täglich für die Freilassung ihrer Männer und Kinder zu protestieren, die letztlich nach einer Woche erfolgte. Selbst Internierte, die bereits in Vernichtungslager gebracht worden waren, wurden zurückgeholt. An diese ungewöhnliche Demonstration von Zivilcourage erinnert das von Ingeborg Hunzinger bereits zu DDR-Zeiten begonnene und vom Kulturministerium unterstützte, doch erst 1995 aufgestellte Mahnmal, ein Skulpturenensemble aus zwei Meter hohem Vulkangestein. Das Kunstwerk verweist auf die Geschehnisse direkt und greifbar durch zahlreiche in die Blöcke eingemeißelte Figuren, eine frei stehende Figurengruppe sowie jüdische Symbole, Szenen und Inschriften. Es ist dort zu lesen: »Die Kraft des zivilen Ungehorsams und die Kraft der Liebe bezwingen die Gewalt und Diktatur.« Vergleichsweise lange hat es gedauert, bis für diese in Nazi-Zeiten so ungewöhnliche Zivilcourage ein Denkmal realisiert worden ist.

Neptunbrunnen

D 019

Spandauer Straße
S U Alexanderplatz
52.519548, 13.406637

Architekt: Reinhold Begas (1891), Sanierung: diverse (2000), Bauherr: Land Berlin / Bezirksamt Mitte

Nach seiner Sanierung im Jahr 2000 sprudelt auch der Neptunbrunnen auf der Freifläche vor dem Roten Rathaus wieder. Der ehedem in kaiserlichem Auftrag angefertigte Brunnen, der ursprünglich vor dem Schloss gestanden hatte, befindet sich seit 1969 an seinem heutigen Platz. Die Sprengung des Stadtschlosses im Jahr 1950 hatte ihn »verwaisen« lassen. Die Brunnengestaltung aus rotem Granit zeigt Felssockel, Meeresgetier, Putten und eine große Muschelschale mit der Figur des Meergotts Neptun, getragen von wasserspeienden Tritonen. Vier auf dem Brunnenrand sitzende Frauengestalten verkörpern die Flüsse Rhein, Elbe, Oder und Weichsel, die wiederum das Gebiet Preußens versinnbildlichen.

DomAquarée

D 020

Karl-Liebknecht-Straße 5
S Hackescher Markt
52.519544, 13.403572

Architekt: Sergei Tchoban, nps tchoban voss Architekten (2003), Landschaftsarchitekt: Lützow 7, Cornelia Müller, Jan Wehberg (2003), Bauherr: DIFA Deutsche Immobilien Fonds AG

Um an diesem Ort den alten Blockraster wenigstens formal zurückzugewinnen, wurde Ende der Neunzigerjahre durch das Land Berlin und das Architekturbüro Martin & Pächter ein Masterplan entwickelt. Dieser definiert das Gegenteil dessen, was hier mit dem Palasthotel 1979 erschaffen worden war, von einem schwedischen Konsortium erbaut unter der Gesamtleitung von Erhardt Gißke und nach dem Entwurf von Ferenc Kiss. Bis 2001 stand das Hotel als Solitär auf einer grünen Insel, eine späte Folge der städtebaulichen und architektonischen Ideale der Sechzigerjahre. Das neue Gebäude nutzt die Blockkanten maximal aus. Formal traditionell gebaut, vereint auch dieses Ensemble mit Hotel, Büros, Wohnhaus sowie zahlreichen Läden und Gastronomie alles in sich, was traditionell Stadt entlang der Straße ausmacht. Im Zentrum des Hotelatriums bietet das Großaquarium *Sea-Life-Center* seinen Besuchern bei einer langsamen Fahrt mit dem zweigeschossigen gläsernen Aufzug durch die ununterbrochene Wassersäule eines Acrylglas-Zylinders – mit einem Durchmesser von 11,10 Meter und einer Höhe von 16 Metern – ein einzigartiges Erlebnis der farbenprächtigen Unterwasserwelt.

Heilig-Geist-Kapelle

D 021

Spandauer Straße 1
Ⓢ Hackescher Markt
52.520967, 13.403400

Architekt: unbekannt (um 1300), Sanierung: Hüffer·Ramin Architekten (2005), Bauherr: Land Berlin/Humboldt-Universität

Das Heilig-Geist-Spital gehört ebenfalls zu den wenigen erhaltenen Großbauten des mittelalterlichen Berlin. Die Lage am damaligen Stadtrand, dem Spandauer Tor, der üblichen Stelle für Kranken- und Siechenhäuser, ist heute allein an dem von der Spandauer Straße in Richtung S-Bahnhof Hackescher Markt beschriebenen eigentümlichen Knick ablesbar. Genau an der Knickstelle hatte einst der Torbau gestanden. Das Spital mit seiner erstmals im Jahr 1313 bezeugten Kapelle war im Zuge der Gründung der Berliner Neustadt (nach der Verleihung des Stadtrechts 1237) errichtet worden. 1825 wurde das Spital selbst für den Bau der Handelshochschule der Berliner Kaufmannschaft abgerissen. Nur durch das Engagement von Bürgern und Kunsthistorikern konnte der frühbacksteingotische Sakralbau gerettet werden. Er wurde dem 1905/1906 errichteten Neubau der Handelshochschule angeschlossen und blieb so erhalten. Auch ihre zweite »Rettung« verdankt die Kapelle bürgerschaftlichem Engagement. Nur dank großzügiger Mäzene war eine durchgreifende Restaurierung (1995–2005) möglich, in deren Zuge auch die sakrale Ausstattung in den Bau zurückkehrte. Die Heilig-Geist-Kapelle – heute als Festsaal Teil des akademischen Betriebs der Humboldt-Universität – hat ihren historischen Glanz wiedererhalten und damit auch den besonderen Stellenwert im öffentlichen Gedächtnis der Stadt.

Rathauspassagen

D 022

Rathausstraße 5–13
Ⓢ Ⓤ Alexanderplatz
52.519715, 13.410215

Architekt: Heinz Graffunder, Lothar Köhler, Walter Wenzel, Dietmar Kuntzsch (1973), Sanierung: RKW Rhode Kellermann Wawrowsky & Partner (2003), Bauherr: WBMI mbH Real Estate AG

Dass Architektur aus DDR-Zeiten in den Innenstädten nicht abgerissen, sondern erhalten wird, ist heute schon einen Eintrag ins Feuilleton wert. Dass diese von einem namhaften Architekturbüro mit Hochgarage sowie Büro- und Geschäftshaus noch ergänzt wird (vgl. 025), ist geradezu aufsehenerregend. Im Fall der Rathauspassagen zusammen mit den Langbauten entlang der Karl-Liebknecht-Straße bedeutet dies zugleich die Bestandswahrung der dazwischen liegenden Freifläche. Denn beides ist untrennbar aufeinander bezogen. Die riesige Freifläche bildet mit dem Alexanderplatz eine der größten und eindrucksvollsten Flanier- und Fußgängerzonen Europas. Das Scheibenhochhaus, aus drei aufgeständerten Baukörpern mit zweigeschossiger Ladenzone und Innenhöfen bestehend, ist als Pendant zum benachbarten Rathausgebäude entstanden. Nach der kompletten Sanierung der Wohnungen Mitte der Neunzigerjahre war der offene zweigeschossige Einkaufskomplex nicht mehr zeitgemäß. Um dem Leerstand Einhalt zu gebieten und dem Ort die ihm gebührende Nutzung zurückzugeben, wurde ein Einkaufszentrum errichtet, das den modernen Ansprüchen gerecht wird. Die vorhandenen Flächen wurden für Einzelhandel, Dienstleistung und Gastronomie umgebaut, neu aufgeteilt und durch Passagen erschlossen.

Berliner Rathaus D 023

Rathausstraße 15
S U *Alexanderplatz*
52.518737, 13.407960

Architekt: Hermann Friedrich Waesemann (1869), Wiederaufbau: Fritz Meinhardt (1958), Sanierung: Helge Pitz (1998), Bauherr: Land Berlin

Einer der früheren Großbauten, der die Konturen der von Gassen und Winkeln bestimmten Altstadt zugunsten eines rechteckigen Baurasters aufbrach, wurde von der Stadt Berlin selbst initiiert. Der neobacksteingotische Ziegelbau, bis in die Neunzigerjahre *Rotes Rathaus* genannt, sollte die bauliche Antithese zum Schloss der Hohenzollern bilden. Dieser bürgerliche Affront wurde dort durchaus verstanden, überragte doch der Turm zumindest optisch die 1850 von Friedrich August Stüler dem Schloss quasi als Krone aufgesetzte Kuppel. Und der in seiner Gestaltung an oberitalienische Rathäuser der Renaissance angelehnte Baukörper war ein weithin sichtbares Zeichen des erstarkten bürgerlichen Bewusstseins. Dem entsprach auch funktional die Flächendimension des Hauses mit 99 × 88 Metern. Trotz starker Zerstörungen im Zweiten Weltkrieg wurde das Symbol des Berliner Bürgertums in der DDR der Fünfzigerjahre wiederaufgebaut. Die Amtszimmer des Hauses wurden von Fritz Meinhardt deutlich sichtbar nach dem damaligen Stil der Zeit eingerichtet; Turm, Fassade und Balkon mit dem Terrakottafries *Steinerne Chronik*, der Berliner Geschichte vom Mittelalter bis 1871, hingegen originalgetreu wiederhergestellt.

Kino Cubix

D 024

Rathausstraße 1
Alexanderplatz
52.520508, 13.411996

Architekt: Sergei Tchoban, nps tchoban voss Architekten (2001), Bauherr: Ingenieur- und Planungsgesellschaft Kappes und Scholtz mbH

Klare Struktur, einfache Form: Auf diesen Nenner lässt sich der erste Nachwende-Neubau am Alexanderplatz bringen. Mit leicht aus der Fassade hervortretenden umlaufenden Fensterbändern bezieht sich der Bau auf die zwei benachbarten Architekturen von Peter Behrens. Der Würfel ist der erste Baustein für ein neues Nachtleben am Alexanderplatz und wird dieser Funktion als Multiplexkino mit 2.400 Plätzen gerecht. Auf einer Grundfläche von 37 × 46 Metern findet hier Film auf vier Ebenen statt.

Büro- und Parkhaus

D 025

Grunerstraße 5–7
Alexanderplatz
52.519668, 13.412729

Architekt: Kny & Weber (2004), Bauherr: WBMI mbH Real Estate AG

Ein erster Schritt zur Anbindung des südöstlich liegenden Klosterviertels an das Zentrum ist der Bau der Parkhäuser auf der Rückseite der Rathauspassagen zur Grunerstraße. Der Rückbau der Grunerstraße ermöglicht die Umwandlung von Straßenland zu Bauland. So wird zum einen die Nutzung der Rathauspassagen verfestigt und zum anderen die Voraussetzung geschaffen, den historischen Stadtgrundriss bis an die Rathausstraße heranzuführen. Die Durchlässigkeit des Gebäudekomplexes ermöglicht eine Anknüpfung an den historischen Straßenzug der Klosterstraße. Ein besonderes Gebäudekonzept bedingt die Lage des östlichen Parkhauses unmittelbar über einer Kurve der U-Bahn-Linie U2. Der Tunnel wird durch eine Reihe von Stahltragwerken überbrückt. Alle Ebenen des Parkhauses werden über Binder abgehangen, so dass sämtliche Lasten über die Stahltragwerke in langen Pfählen in den Baugrund neben dem U-Bahn-Tunnel eingeleitet werden. Die Parkebenen sind mit unterschiedlich farbigen, fest stehenden Glaselementen transparent geschlossen. Dies verleiht dem Gebäude einen eigenständigen, unverwechselbaren Charakter.

Klosterkirche ≈ D 026

Klosterstraße 73 A
U Klosterstraße
52.51833, 13.412063

Architekt: unbekannt (1250), Sanierung: Atelier Fischer (2005), Bauherr: Bezirksamt Mitte, S.T.E.R.N. GmbH

Städtebaulich verwaist und durch Kriegseinwirkung in der Substanz zerstört, stehen in sattes Grün eingebettet die Überreste der Kirche des ehemaligen Franziskanerklosters. Das heute für jeden modernen Caspar David Friedrich als Sinnbild für die schaurige Schönheit des Morbiden taugliche Motiv zeigt ein gemeinsam mit den Resten der alten Stadtmauer und einigen mittelalterlichen Häusern verbliebenes Stück Altberliner Geschichte. Seit 1982 für Ausstellungszwecke, Konzerte und als Theaterkulisse genutzt, wurde das Fragment 2003/2004 in akribischer Feinarbeit mit Spendenmitteln der *Deutschen Stiftung Denkmalschutz* saniert.

Parochialkirche » D 027

Klosterstraße 66
U Klosterstraße
52.517004, 13.412550

Architekt: Johann Arnold Nering, Martin Grünberg, Jean de Bodt (1705), Restaurierung: Langeheinecke und Claussen (2003)

Die Parochialkirche ist eines der wenigen authentischen Stilrelikte in Berlin. Der nach italienischen Vorbildern entworfene Sakralbau zeigt auf quadratischem Grundriss mit halbkreisförmigen Apsiden eine für Preußen einzigartige Form. Im Zweiten Weltkrieg ausgebrannt, erhielt die Kirche 1951 ein neues Dach in ursprünglicher Form, der eingestürzte Turm bekam ein Notdach.

Alte Stadtmauer ≈ D 028

Waisenstraße
U Klosterstraße
52.516751, 13.413968

Bauzeit: 1250/1290, Erhöhung im 14. Jahrhundert, Sicherung 1948, 1984, Sanierung: Denk mal an Berlin e. V. (1994)

Neben den Kirchen sind die Reste der Stadtmauer der einzige Beleg aus der Gründungszeit Berlins: 120 verbliebene Meter der drei bis fünf Meter hohen Mauer, in denen man noch die Schießscharten findet und die Balkenlöcher des alten Wehrgangs. Errichtet wurde die Mauer seinerzeit aus Feld- und Ziegelsteinen, die Fundamente bestehen überwiegend aus Feldsteinen. Welchem Zufall es zu verdanken ist, dass dieses Stück Stadtmauer allen Umgestaltungen und Zerstörungen zum Trotz erhalten geblieben ist, kann nicht nachgewiesen werden. Erst durch eine Spendenaktion und die Mithilfe der Auszubildenden einer Berufsschule konnte die Sanierung in Gang gesetzt werden.

Botschaft der Niederlande D 029

Klosterstraße 50

U *Klosterstraße*

52.515381, 13.412171

Architekt: Rem Koolhaas, Office for Metropolitan Architecture OMA (2001), Bauherr: Königreich der Niederlande

Niederländische Architektur ist weltweit für ihren formvollendeten Freistil bekannt. Ebenso bekannt ist, dass sich die dortigen Architekten darauf verstehen, sich von der Umgebung inspirieren zu lassen und in diese einfallsreiche Entwürfe einzubinden. Einen Standort an der Spree zu wählen, war darum nur konsequent für die Botschaft der Niederlande in Berlin. Eingefügt in die ortsübliche Blockbebauung, bricht die Architektur mit einem frei stehenden gläsernen Würfel mit 27 Metern Kantenlänge in einer Art »heiterer Paradoxie« gleich wieder alle Konventionen des steinernen Berlin. Dennoch wirkt die innovative Bauanlage nicht spektakulär, sondern selbstverständlich und bezieht zudem die vorhandenen Baumbestände in die gegeneinander geneigt angelegten Rasenflächen geschickt mit ein.

Berliner Wasserholding ≈ D 030

Stralauer Straße 32
U Klosterstraße
52.515976, 13.411195

Architekt: Christoph Langhof, LANGHOF® (2000), Bauherr: Deutsche Immobilien Leasing

Schon die rautenartige Hülle aus Titanzink hebt das Haus aus der Umgebung steinerner Restbestände des Molkenmarkts heraus. Und doch sind Verwandtschaften zu den unmittelbaren Nachbarn erkennbar. Die Form des Titandachs schließt an die des daneben befindlichen ehemaligen Palais des Staatsministers Otto von Schwerin an. Als Pendant zu dem mit zwei Balkonen gleichsam ausbalancierten Risalit des Palais komponierte Christoph Langhof ein optisch vorspringendes vierachsiges Bauteil. Die Architektursprache ist am Formenkanon des Expressionismus und Kubismus orientiert. Aber auch Bilder aus der Science-Fiction- und Fantasy-Architektur sowie eine zeitgemäße Ästhetik aus Grafik und Design wurden aufgenommen. Der Wechsel zwischen skulpturaler Struktur an der Klosterstraße und einer gestalterisch reduzierten Hoffassade ist Bestandteil der beabsichtigten optischen Vielfalt. In der Neuen Jüdenstraße 1–3 befindet sich das Hauptgebäude der Unternehmenszentrale der Berliner Wasserbetriebe von Joachim Ganz (1999).

Berliner Stadtbibliothek ≈ D 031

Breite Straße 32–34
U Spittelmarkt
52.515398, 13.403877

Architekt: Heinz Mehlan (1966), Erweiterung: Martin Verhoeven (2006), Bauherr: Land Berlin

Das 1624 für den kurfürstlichen Kammerrat von Ribbeck errichtete Gebäude ist der einzige in Berlin erhaltene Renaissancebau. In den Sechzigerjahren erfolgte eine bis heute viel beachtete Ergänzung der Bibliothek durch einen Neubau. Seit der Erweiterung von 2006 sind die zwei Gebäude über einen Durchgang miteinander verbunden.

Haus der Wirtschaft

D 032

Breite Straße / Gertraudenstraße
U Märkisches Museum
52.514041, 13.405816

Architekt: Schweger & Partner (1999), Bauherr: DIHT Deutscher Industrie und Handelstag, BDI Bundesverband der Deutschen Industrie e. V., BDA Bundesvereinigung der Deutschen Arbeitgeberverbände

Wenn die führenden Lobbyisten der deutschen Wirtschaft sich unweit des ökonomischen und politischen Pulsschlags der Hauptstadt niederlassen, dann wird damit ein Führungsanspruch artikuliert. Mit steinerner Fassade und politisch korrekter Traufhöhe stellt das Gebäude die Stadtkante wieder her. Dennoch reiht es sich als riesiger Solitär in die Tradition der Großbauten, die seit Wilhelminischer Zeit in Berlin zum Verlust noch verbliebener Relikte des altstädtischen Häusergewimmels geführt haben. Das neue Haus, das sich hinter seiner Schale als eine um ein glasüberdachtes Atrium gruppierte Einheit der Vielfalt zeigt, abstrahiert jene hier ehemals kleinteilige Parzellierung, indem es in seiner Gliederung in mehrere bauliche Einheiten das Motiv der Einzelhausbebauung aufnimmt. Dem DIHT mit dynamischen Fensterbändern folgt der zwischen Treppenhaus und Glasfront eingeschobene Konferenzturm. Leicht aus der Bauflucht zurückgezogen, präsentiert er zum Wasser einen fast haushohen gläsernen Wintergarten. Den sanften Schwung der Uferlinie nimmt der abschließende Bauteil des BDA auf und leitet zum Marstall über.

Landesvertretung Sachsen »

D 033

Brüderstraße 11 / 12
U Spittelmarkt
52.514262, 13.402815

Architekten: Reimer & Körte (1905), Sanierung / Umbau: DSK Dörschner, Senn und Kühn (1999), Bauherr: Freistaat Sachsen

An der Stelle zweier schmaler Bürgerhäuser errichteten Reimer & Körte im Jahr 1905 für die Berlinische Feuer-Versicherungs-Anstalt ein Wohn- und Geschäftshaus. Dieses repräsentative viergeschossige Gebäude mit Sandsteinverkleidung überragt zwar die benachbarten historischen Bauten, nimmt jedoch in seiner neobarocken Fassadengliederung auf diese Bezug. Das Haus ist erhalten geblieben, Krieg und Abrisse der Nachkriegszeit haben es verschont.

Ehemaliges Staatsratsgebäude D 034

Schlossplatz 1
S U *Alexanderplatz*
52.515997, 13.401216

Architekt: Josef Kaiser, Roland Korn, Innenausstattung: Hans-Erich Bogatzky, Gartenanlage: Hubert Matthes (1964), Umbau: HG Merz (2006), Bauherr: European School of Management and Technology (ESMT)

Einst erbaut für den DDR-Staatsrat, ist das Haus heute Sitz einer Eliteschule, die der Wirtschaft frischen Nachwuchs verspricht. Der Wandel von der Schaltzentrale sozialistischer Planwirtschaft hin zur Lehrstätte des Managernachwuchses für globalisierte Wirtschaftsmärkte sollte für öffentliche Nutzer historischer Gebäude beispielgebend sein, denn diese gehen immer noch eher vom Abriss als von Nachnutzung aus. Die Schule hat ganz unbekümmert alle Zeugnisse der DDR, von der sozialistischen Fröhlichkeit bis zur staatstragenden Symbolik, erhalten. So werden im Hörsaal die Spielregeln der freien Marktwirtschaft unter dem Staatswappen der DDR gelehrt. Der Architekt hat das denkmalgeschützte Haus mit Fingerspitzengefühl für die Bedürfnisse einer modernen Hochschule umgebaut. Das ins Haus eingefügte Portal IV des Stadtschlosses, von dem aus Karl Liebknecht 1919 die Räterepublik ausgerufen hatte, verleiht der Eliteschule zusätzliche repräsentative Würde.

Berliner Dom

D 035

Am Lustgarten
S Hackescher Markt
52.518913, 13.400479

Architekt: Julius Raschdorff, Otto Raschdorff (1905), Sanierung: Günter Stahn (1975), Bernhard Leisering (1993), Bauherr: Evangelische Landeskirche

Der Berliner Dom gehört zu den bedeutendsten protestantischen Sakralbauten in Deutschland. Zudem ist er heute Ort wichtiger Staatsgottesdienste der Bundesrepublik. 1894–1905 wurde der Dom als Hofkirche in unmittelbarer Nähe des Berliner Stadtschlosses anstelle des deutlich kleineren und schlichteren klassizistischen Vorgängerbaus (Architekt: Karl Friedrich Schinkel) errichtet. Ursprünglich bestand er aus der zentralen Predigtkirche unter der Kuppel, der Tauf- und Traukirche sowie aus der sogenannten Denkmalkirche. In diesem heute nicht mehr existierenden Gebäudeteil befanden sich (leere) Prunksärge, darunter auch ein Grabmal zum Andenken an Otto von Bismarck. Auch der Berliner Dom erlitt 1944/1945 schwere Kriegsschäden. Erste Sicherungsmaßnahmen wurden, wie an vielen anderen Gebäuden in diesem Bereich, im Jahr 1951 unternommen. Die Frage, ob der Sakralbau abgerissen oder wiederaufgebaut werden sollte, löste seinerzeit heftige Diskussionen aus. Im politischen Bemühen der DDR um den punktuellen Erhalt historischer Gebäude in der Berliner Innenstadt rückte auch der Dom in den Vordergrund. Im Zusammenhang mit dem Bau des Palastes der Republik und durch die finanzielle Unterstützung der Evangelischen Kirche – die ihrerseits beträchtliche Förderung durch die Bundesrepublik Deutschland erfuhr – wurde seine Rettung möglich. 1975 begannen die Arbeiten zur Wiederherstellung der Predigtkirche. Unter der Leitung von Günter Stahn wurden die stark kriegszerstörten Kuppeln in vereinfachter Bauweise wiederaufgebaut. 1993 stellte Bernhard Leisering den Kircheninnenraum fertig.

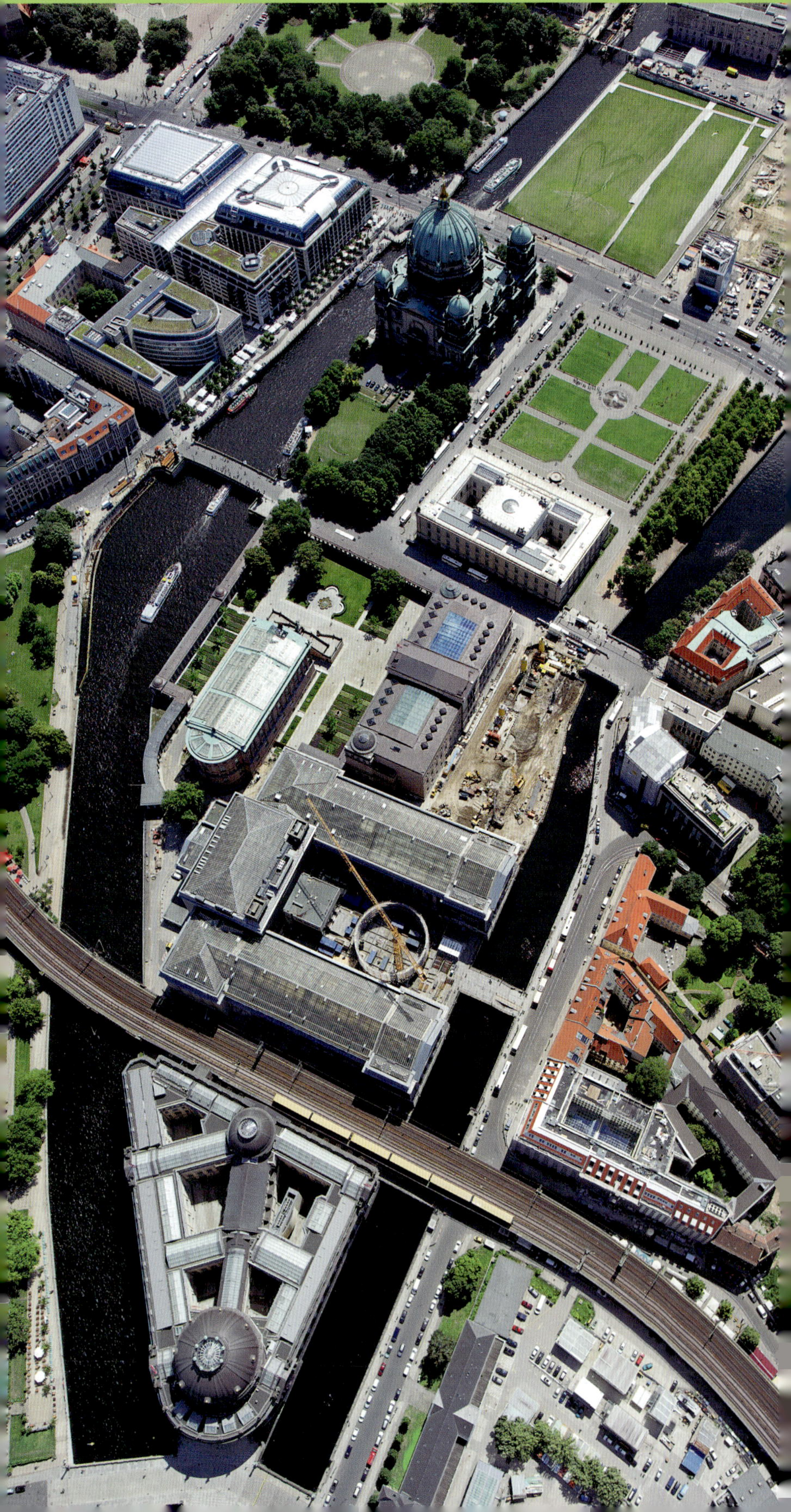

Lustgarten

D 036

Am Lustgarten
Ⓢ Hackescher Markt
52.518674, 13.39963

Architekt: Karl Friedrich Schinkel (1828), Umbau: Hans Loidl (1999), Bauherr: Land Berlin

Nach vielen Jahren der steinernen Tristesse zeigt sich der Lustgarten seit 1999 wieder als ein gärtnerisch gestalteter Platz. Nachdem die Nationalsozialisten 1935 – wie einst Preußenkönig Friedrich Wilhelm I. im Jahr 1730 – die Anlage als Aufmarschplatz zupflastern ließen, ist die neue Gestaltung nun eine Interpretation der Schinkel'schen Entwürfe von 1828. Materialwahl sowie Einfassung und Modellierung der Rasenflächen und der Umgang mit Wasser und Licht betonen den Stellenwert des Lustgartens als zeitgenössische Gartenanlage. Während die Gehbereiche ebenerdig an die umliegenden Pflasterflächen anschließen, ist durch das Anheben und Modellieren der Rasenflächen ein flaches Relief entstanden. Die neue Brunnenanlage wurde in der Mitte des Platzes, auf den Fundamenten des alten Schinkel'schen Brunnens, errichtet. Bis zu zehn Meter steigt die Fontäne aus der Mitte des Brunnens empor.

Altes Museum

D 037

Bodestraße 1–3
Ⓢ Hackescher Markt
52.519187, 13.399119

Architekt: Karl Friedrich Schinkel (1830), Sanierung: Hilmer & Sattler und Albrecht (2018), Bauherr: Stiftung Preußischer Kulturbesitz

Das eigentliche Entree zur Museumsinsel bildet Schinkels Altes Museum. Als dritter Museumsbau in Europa ist es mit seiner lang gestreckten Säulenfront nach dem Vorbild der Athener Philosophenschule Stoa Poikile erbaut worden und verlieh auf diese Weise dem gesellschaftlichen Gestaltungswillen eines in den Freiheitskriegen gestärkten Bürgertums Ausdruck: antike Architektursprache des Bürgertums versus Barock als Ausdruck des Ancien Régime. In dieser Funktion wird das Museum somit erst durch das einstmals ihm gegenüberstehende Hohenzollernschloss verständlich. Mit der Sanierung wird das Treppenhaus hinter der Säulenfront in der ursprünglichen Form wieder geöffnet. Der Blick von der Museumsgalerie durch den Portikus lässt Haus und Vorgarten in der Schinkel'schen Intention als künstlerische Einheit wiedererstehen.

Neues Museum D 038

Bodestraße 1–3
Ⓢ Hackescher Markt
52.519676, 13.398370

Architekt: Friedrich August Stüler (1855), Wiederaufbau: David Chipperfield Architects (2009), Bauherr: Stiftung Preußischer Kulturbesitz, vertreten durch das Bundesamt für Bauwesen und Raumordnung

Zur Zeit seiner Eröffnung im Jahr 1855 bestach der Bau durch die neuartige eiserne Tragkonstruktion, die im offenen Dachgestühl als Zeichen des neuen Industriezeitalters sichtbar blieb. Im Zweiten Weltkrieg wurde Stülers Neues Museum stark zerstört und blieb über fast 60 Jahre Ruine. Nachdem der zu DDR-Zeiten favorisierte Plan des annähernd originalgetreuen Wiederaufbaus verworfen worden war, sollte ein modernes Bauwerk entstehen. Der Wettbewerb zur Neugestaltung Anfang der Neunzigerjahre brachte mit Giorgio Grassi einen umstrittenen Sieger hervor, der in seinem Entwurf einen strengen Ergänzungsbau mit schießschartenartigen Fenstern vorsah. Nur langsam setzte sich die Überzeugung durch, das vorhandene Alte zu nutzen, dem Haus die Proportionen der Vergangenheit zurückzugeben und damit das Gesamtensemble der Museumsinsel wiederherzustellen. Letztlich beauftragte die Stiftung Preußischer Kulturbesitz mit David Chipperfield den Zweitplatzierten des Wettbewerbs, der zuvor seinen Entwurf überarbeitet hatte. Chipperfield baute den Nordwestflügel in annähernd ursprünglicher Form wieder auf, senkte aber die Grundplatte des Museums ab, so dass ein weiteres Ausstellungsgeschoss entstanden ist. Von dem unter Friedrich Wilhelm IV. gesetzten ersten Baustein zur Museumsinsel sind nach dem Zweiten Weltkrieg Teile der klar strukturierten Hausfront mit dem giebelgekrönten vorspringenden Bauteil, der für das quer eingeschobene Treppenhaus steht, bewahrt geblieben. Die wiederhergestellte Folge der Innenräume führt durch fast vollständig erhaltene, reich gefasste Interieurs, aber auch durch zerstörte und wiederhergestellte Räume, deren Böden und Decken neu sind. Und es gibt neu gebaute Interieurs. Heute sind im Neuen Museum das Ägyptische Museum und ein Teil des Museums für Vor- und Frühgeschichte untergebracht.

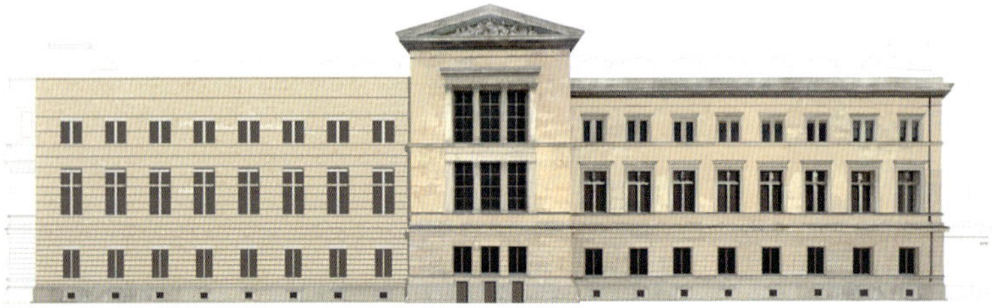

Alte Nationalgalerie D 039

Bodestraße 1–3
S Hackescher Markt
52.520101, 13.399246

Architekt: Friedrich August Stüler, Johann Heinrich Strack (1876), Restaurierung: HG Merz, Gruppe 80 (2001), Bauherr: Stiftung Preußischer Kulturbesitz

Als ein früher Bestandteil einer bildungsbürgerlichen Akropolis ist die von Stüler und Strack dem antiken Tempelbau nachempfundene Nationalgalerie Pendant zum höfischen Schloss. Allerdings verweist der Bau mit dem Schriftzug »Der deutschen Kunst« und dem Datum 1871, dem Gründungsjahr des deutschen Nationalstaates, zugleich auf eine Verengung des ehemals humanistischen Bildungsideals hin zur patriotischen Kunstpolitik. Die Freitreppe mit dem Standbild des preußischen Musenkönigs Friedrich Wilhelm IV. verleiht dem Bau eine erhabene Ausstrahlung. Im Jahr 2001 wurde die Alte Nationalgalerie – in ihrer Geschichte vielfach verändert beziehungsweise durch Kriegseinwirkung stark beschädigt – nach einer grundlegenden Restaurierung als erstes Gebäude der Museumsinsel wiedereröffnet. Sie beherbergt die bedeutende Gemälde- und Skulpturensammlung des 19. Jahrhunderts der Staatlichen Museen zu Berlin. Die Neugestaltung des Eingangsbereichs, der Einbau zweier Säle für die Werke von Caspar David Friedrich und Karl Friedrich Schinkel sowie die behutsame Integration der nach heutigem Stand erforderlichen Haustechnik waren die wichtigsten Aufgaben innerhalb des fast zehnjährigen Planungs- und Realisierungszeitraums. Zugleich wurde der Charakter des Hauses erhalten und die Spuren aller Epochen sind auch weiterhin erfahrbar. So ist in einem Raum beispielsweise die Kriegszerstörung dokumentiert. Alle Maßnahmen haben die einzelnen Bereiche des Gebäudes respektvoll verbessert, ohne dass ihnen dabei ihre jeweils eigene Sprache genommen wurde.

James-Simon-Galerie

D 040

Bodestraße 1–3
S Hackescher Markt
52.520148, 13.396984

Architekt: David Chipperfield Architects (2013), Bauherr: Stiftung Preußischer Kulturbesitz, vertreten durch das Bundesamt für Bauwesen und Raumordnung

Auf diesem Gelände hatte einst der von Schinkel entworfene Packhof gestanden. Nach dessen Abbruch 1939 blieb die Rückfront des Neuen Museums frei sichtbar. Idee für die Neubebauung ist ein übergreifendes Infrastruktur- und Servicekonzept für eine erwartete jährliche Besucherzahl von mindestens drei Millionen. Lang wurde diskutiert: Ist ein zentraler Eingang angemessen? Ist es richtig, Millionen Menschen in einen Kurzrundgang durch den gesamten Komplex zu schicken? Am Ende stand die Erkenntnis: So funktioniert das heutige Museumswesen nicht mehr. Der Architekt musste seine Pläne mehrfach ändern; letztlich wird nun ein Haus entstehen, das sich in die Erhabenheit des Gesamtensembles einfügt und die neue Zeit dokumentiert. Als filigraner Kolonnadenbau wird die James-Simon-Galerie an das Pergamonmuseum anschließen und dank einer großzügigen Verglasung einen weitgehend ungestörten Blick auf das Neue Museum freihalten.

Pergamonmuseum

D 041

Bodestraße 1–3
S Hackescher Markt
52.520600, 13.395772

Architekt: Alfred Messel, Ludwig Hoffmann (1930), Sanierung: O. M. Ungers (2008), Bauherr: Stiftung Preußischer Kulturbesitz

Dieses Museum ist seit 1907 eine Baustelle. Erst 1930 eröffnet, aber nie vollendet, soll die dreiflügelige Anlage im gräzisierenden Neoklassizismus mit einem Beitrag von O. M. Ungers nun erhalten, was ihr fehlt. Anstelle eines früher für den Pergamonaltar als Museumsforum vorgesehenen Ehrenhofs mit abschließender Säulenhalle wird ein Verbindungsbau errichtet. Dieser Trakt abstrahiert in der für Ungers markanten Bauweise den quadratischen Raster und macht ihn selbst zum Motiv. Die Arbeiten erfolgen ab 2012 abschnittsweise, so dass der Bau nicht komplett geschlossen werden muss.

Trafostation Museumsinsel

D 042

Bodestraße 1–3
Ⓢ Hackescher Markt
52.522084, 13.393854

Architekt: HG Merz Architekten (2000), Bauherr: Stiftung Preußischer Kulturbesitz

Wo viel gebaut wird, wird viel Energie benötigt. Und wo die Zukunft mit ihren neuen Techniken Einzug hält, ist es genauso. Beides trifft auf die Museumsinsel zu. Entsprechend wurde hier eine Trafostation gebaut. Die neue Übergabestation und das Notstromaggregat haben ihren Platz unter dem Stadtbahnviadukt. Entstanden ist, mit Sichtbetonwänden an den Seiten, ein den Museen zugewandter gläserner Schaukasten der profanen Versorgungstechnik. Von innen in grünem Licht erstrahlend, ist die Trafostation selbst so etwas wie ein kleines Museum technischer Gegenwartskunst und zugleich zweckdienlich als Wegbeleuchtung.

Bode-Museum

D 043

Bodestraße 1–3
Ⓢ Hackescher Markt
52.522084, 13.393854

Architekt: Ernst von Ihne (1904), Sanierung: Heinz Tesar, Christoph Fischer (2006), Bauherr: Stiftung Preußischer Kulturbesitz

Als zweiter Bau der Museumsinsel wurde nach der Alten Nationalgalerie das Bode-Museum renoviert wiedereröffnet. Über die *Archäologische Promenade* wird der Besucher später in das im Wilhelminischen Barock errichtete Haus gelangen. Die wuchtige Kuppel mit dem wiederhergestellten goldenen Kronenkranz markiert das ovale, reich gegliederte Haupttreppenhaus mit dem Haupteingang. Zusätzlich betont sie die wehrhafte Position des die gesamte Inselspitze einnehmenden Baus. Die sensible Sanierung hat die Komposition wieder sichtbar gemacht. Eindrucksvoll dokumentiert dies das Tiepolo-Zimmer: Die namensgebenden Fresken aus einer italienischen Villa waren 1904 wie am originalen Ort eingebaut worden und sind erstmals nach 1945 wieder zu besichtigen. Später werden auch vier der fünf Höfe zugänglich sein. An einem Ort sind wieder die Sammlungen des Münzkabinetts, byzantinische Kostbarkeiten sowie Werke der Gemäldegalerie und der erstmals vereinigten Skulpturensammlung zu sehen.

Humboldt-Box

D 044

Schlossplatz
Ⓢ Hackescher Markt
52.518033, 13.400584

Architekt: KSV Krüger Schuberth Vandreike (2011), Bauherr: Megaposter GmbH

Schloss-Architekt Franco Stella bezeichnet die Humboldt-Box als eine »Liebeserklärung an das Schloss«. Die ironische Spitze versteht erst derjenige, der dem Italiener weiter zuhört. Denn die Box verschwinde aus dem Blickfeld, sobald das Schloss errichtet sein werde, ergänzt der Italiener mit einem lausbubenhaften Schmunzeln. Damit ist schon fast alles gesagt über die architektonische Haltung der beiden Architekten-Teams um Franco Stella auf der einen und KSV auf der anderen Seite. Alles? Nicht ganz. Denn auch KSV Architekten machten einst mit einem streng rationalen Entwurf auf sich aufmerksam, als sie Mitte der Neunzigerjahre beim Architekturwettbewerb für das neue Bundeskanzleramt den zweiten Rang belegten. Inzwischen haben die Berliner Jungarchitekten von einst graue Haare bekommen. Architektonisch haben sie sich ihre Sporen in der Messe- und Eventarchitektur längst verdient. So verwundert es kaum, dass mit der Humboldt-Box ein baukünstlerisches Objekt entstanden ist, das funktional seinesgleichen sucht: Museum, Aussichtsturm, Café, Souvenirladen und Event-Location – und das alles als temporäre Liebeserklärung an das wiederauferstehende Schloss!

Humboldt-Forum

D 045

Schlossplatz
Ⓢ Hackescher Markt
52.518033, 13.400584

Architekt: Franco Stella (2018), Bauherr: Stiftung Preußischer Kulturbesitz / Bundesamt für Bauwesen und Raumordnung

Das Humboldt-Forum ist als eine rechteckige Vierflügelanlage mit zwei Innenhöfen geplant, die aus den rekonstruierten barocken Baukörpern und eindeutig erkennbaren neuen Baukörpern besteht. Auf drei Seiten stellt sich mit dem historischen Gesicht das verlorene Schloss vor, auf der östlichen Seite zur Spree eine zeitlos-moderne Ansicht einer Loggienwand. Die anderen Neubaukörper – zwei Kuben und zwei Zeilen – sind im Areal des ehemaligen Eosanderhofs angeordnet. Das Zusammenspiel zwischen alten und neuen Bauteilen erzeugt innerhalb des Gebäudes drei öffentliche Plätze: den wiederaufgebauten *Schlüterhof*, die mittige Passage *Schlossforum* und die Eingangshalle *Agora*. Es wird ein Ort der Weltkulturen sein, eine architektonische und funktionale Erweiterung der Museumsinsel.

Brandenburger Tor

C 046

Pariser Platz
S U *Brandenburger Tor*
52.516308, 13.378050

Architekt: Carl Gotthard Langhans d. Ä. (1791), Sanierung: Stiftung Denkmalschutz Berlin (2002), Bauherr: Stiftung Denkmalschutz Berlin

Das Brandenburger Tor ist das letzte erhaltene von ursprünglich 15 Stadttoren des barocken Berlin. Langhans' Entwurf nach dem Vorbild der Propyläen der Akropolis verhalf dem Klassizismus in der preußischen Residenz zum Durchbruch, was der Stadt den Ruf als »Spreeathen« eintrug. Der 26 Meter hohe Torbau aus Elbsandstein hat fünf Durchfahrten, von denen die mittlere etwas breiter ist, und ist von zwei Torhäusern flankiert. Seit dem Raub der das Tor krönenden Schadow'schen Quadriga durch Napoleon im Jahr 1806 und ihrer Wiederkehr im Jahr 1814 fungiert das Brandenburger Tor als ein nationales Symbol. In der Zeit der Teilung Deutschlands stand das Bauwerk isoliert im Sperrgebiet. Mit der Öffnung der Mauer 1989 und der Wiedervereinigung gingen die Bilder der feiernden Menschen am Brandenburger Tor um die Welt. Eine Restaurierung des Torbaus erwies sich als unumgänglich: Die Fundamente waren zu sichern, nach 1945 eingebrachte Betondecken mussten mit Dehnungsfugen versehen werden, das historische System der eisernen Zugbänder war zu verstärken. Selbst eine Säulentrommel, die als Folge der Kampfhandlungen Ende April 1945 fast durchgeschossen und danach notdürftig instand gesetzt worden war, musste ausgewechselt werden. Lang währte die Diskussion um die Farbgebung: Im Sinne des ursprünglichen Zustands »marmorweiß« angestrichen? Oder sollte bewusst der Sandstein gezeigt werden? Hart prallten die Meinungen aufeinander. Die Entscheidung fiel zugunsten einer natursteinsichtigen Oberfläche, weil das Brandenburger Tor in diesem Zustand zum Wahrzeichen Berlins und zum Symbol der glücklich überwundenen deutschen Teilung geworden war und sich so in das Gedächtnis der Welt eingeprägt hatte. Finanziert wurde die Sanierung unter Inkaufnahme längerer Bauzeit durch die Vermietung der Gerüstplanen als Werbefläche. Auch wenn es immer wieder Kritik an diesem Verfahren gegeben hatte, war dies doch eines der wenigen intelligenten Konzepte dieser Art in Berlin, bei denen mit Werbeeinnahmen Sanierungsgeld bereitgestellt wurde.

Botschaft der Republik Frankreich

C 047

Pariser Platz 5, Wilhelmstraße 69
S U *Brandenburger Tor*

Architekt: Christian de Portzamparc (2003), Bauherr: Ministère des Affaires étrangères

Der Neubau der Französischen Botschaft wurde an ihrem historischen Standort (das Grundstück hatte Napoleon III. im Jahr 1860 erworben) errichtet. Das Stadtpalais, in dem die Französische Botschaft ursprünglich residiert hatte, war im Zweiten Weltkrieg zerstört worden. Bis zur Wiedervereinigung Deutschlands lag das Gelände – im damaligen Grenzstreifen befindlich – brach. Sieger des zweistufigen europaweiten Realisierungswettbewerbs war der französische Architekt Christian de Portzamparc. Sein Entwurf ist sowohl der Geschichte des Orts als auch der Moderne verpflichtet. Das aus sieben Baukörpern bestehende Botschaftsgebäude weist eine hohe Materialvielfalt (Beton in unterschiedlichen Oberflächen, Holz, Glas, Metall) auf. Der zum Pariser Platz ausgerichtete Gebäudeteil birgt hinter der bemerkenswerten Fassade die Empfangs- und die Repräsentationsbereiche sowie im obersten Geschoss die Residenz des Botschafters. Von jedem Raum aus ist das Brandenburger Tor zu sehen, alle Fenster sind so geschnitten, dass sie diesen Ausblick ungehindert gestatten. Im Baukörper in der Wilhelmstraße, der um drei Geschosse höher ist, sind unter anderem die Kultur- und Verwaltungsabteilungen untergebracht. Fünf weitere Baukörper im Inneren des Komplexes verfügen über Binnenbereiche, in denen sich der »Ehrengarten«, zum Empfangsbereich gehörig, und der »Skulpturenhof«, als Ruhezone gedacht, befinden.

Akademie der Künste C 048

Pariser Platz 4
S U *Brandenburger Tor*
52.516005, 13.379455

Architekt: Behnisch & Partner mit Werner Durth (2005), Bauherr: Land Berlin

Ein öffentliches Haus muss für jeden immer offen sein: Diese Haltung hielt der Baumeister des Bonner Bundestags auch am Pariser Platz durch, wo nach der vom Abgeordnetenhaus beschlossenen Gestaltungssatzung Steinfronten gefordert waren. Behnisch jedoch wollte nicht versteinern. Sein Haus sollte für den Augenblick sein, leicht und durchscheinend. Angesichts des in seinem verschatteten Winkel stehenden und von außen eher schlichten, tagsüber fast gesichtslos wirkenden gläsernen Gebäudes ist es heute kaum verständlich, dass diese Fassade Gegenstand eines der heftigsten Architekturgefechte der Neunzigerjahre in Berlin gewesen ist. Erst als sich der damalige Bundespräsident Roman Herzog der Kümmernisse der Akademie annahm und Verständnis dafür zeigte, dass gerade diese Institution ihr Selbstverständnis in einer außergewöhnlichen Architektur zeigen wollte, wurde der Entwurf von Behnisch und Durth mit einer sogenannten Lex Behnisch in Berlin genehmigungsfähig. Elf lange Jahre der Realisierung brauchte es, bis das Haus der Öffentlichkeit übergeben werden konnte. Was sieht man heute? Offenheit soll der Bau dokumentieren; aber Glas hat die Eigenart zu spiegeln und so verlängert sich die Stuckfassade des *Adlon* in der gläsernen Akademie-Hülle. Erst wenn es dämmert, beginnt das Haus seine Versprechen einzulösen. Freundlich leuchtend wird es zur Verlockung, zieht die Menschen hinein, zu den Gesprächen, Konzerten und Ausstellungen.

Hotel Adlon ≈

C 049

Unter den Linden 75–77, Behrenstraße 71
S U Brandenburger Tor

Architekt: Patzschke, Klotz & Partner (1997), Bauherr: Fundus Fonds-Verwaltungs GmbH

Als erstes Haus am Platz hatte das 1907 eröffnete *Adlon* fungiert, bis es im Feuersturm vom Mai 1945 unterging. Als erstes Haus kam das Hotel in historisierenden Formen im August 1997 zum Brandenburger Tor zurück, nun um ein Geschoss reicher.

Botschaft der Vereinigten Staaten von Amerika

C 050

Pariser Platz 2
S U Brandenburger Tor

Architekt: Moore, Ruble, Yudell (2007), Bauherr: State Department der USA

Wie Frankreich und Großbritannien sind auch die Vereinigten Staaten von Amerika an ihren historischen Standort am Pariser Platz zurückgekehrt. Sie besitzen die Liegenschaft schon seit Anfang der Dreißigerjahre, haben aber seinerzeit den später im Krieg zerstörten Altbau kaum zwei Sommer lang als Botschaft genutzt. Den Neubau verzögerten unter anderem Sicherheitsbedenken, die sich auf dem kernstädtischen Areal so leicht nicht ausräumen ließen. Den bis 1996 durchgeführten Wettbewerb gewann das Büro des 1993 verstorbenen Protagonisten der Postmoderne Charles Moore – Moore Ruble Yudell. Die Architekten haben ihren Bau an die strenge, von Josef Paul Kleihues entwickelte Gestaltungssatzung des Pariser Platzes angepasst, ihn mit hellem Kalkstein verkleidet, das Sockelgeschoss betont und ihm eine strenge zweigeteilte Fassade zur Platzseite gegeben.

DZ Bank

C 051

Pariser Platz 3, Behrenstraße 73
S U Brandenburger Tor
52.514805, 13.379268

Architekt: Frank O. Gehry (2001), Bauherr: DG Immobilien/Hines Immobilien

Was haben der Parthenon auf der Athener Akropolis und die DZ Bank am Pariser Platz gemeinsam? Nun, sie beide besitzen eine siebenachsige Front, werden über einen außen laufenden Rundgang erschlossen und bergen in ihrem Innersten einen geheimen Schatz. Bei der Hauptstadtniederlassung der DZ Bank ist es ein nicht öffentlich zugänglicher Konferenzsaal. Die mit Holz ausgekleidete, außen stählerne Sprechblase zeigt exakt die bewegte Formensprache, die man von Frank O. Gehry kennt. Auch die schwungvollen Glasdächer über dem Innenhof sowie dem Bankettbereich im Souterrain und die Außenfassade in der Behrenstraße, hinter der die Eigentumswohnungen und Mietbüros liegen, sehen genauso aus, wie es sich für den Schöpfer des Guggenheim-Museums Bilbao gehört. Allerdings: Das sind nur die B-Seiten. Dagegen ist die Hauptfront am Pariser Platz gar nicht Gehry-like. Der kalifornische Architekt überspitzte die gültige Gestaltungssatzung, wo sich seine Kollegen ihr bestenfalls willfährig anpassten: Das Fassadenraster ist rigide vom Boden bis zum First durchgezogen; die riesigen quadratischen Lochfenster sind ungeteilt und kommen fast ohne Rahmen aus; die mineralischen Partien bekleidet äußerst edler Travertin, der fugenfrei und fast armdick ausgeführt wurde. Damit ist dieses Stück Platzwand würdevoller als alle übrigen Fassaden. Durch diese Erhabenheit ist das Zentralinstitut der Genossenschaftsbanken dem antiken Tempel in Athen nicht unähnlicher geworden.

Landesvertretung des Saarlandes C 052

In den Ministergärten 4

S U *Potsdamer Platz*

Architekt: Alt & Britz (2000), Bauherr: Landesvertretung des Saarlandes

Die Landesvertretung des Saarlandes ist Teil der Gemeinschaftsanlage mit den Vertretungen der Länder Niedersachsen und Schleswig-Holstein sowie Rheinland-Pfalz. Die gemeinsame Nutzung der Gartenfläche, der Tiefgarage und der Gebäudetechnik spart Kosten. In Anlehnung an den von Villen geprägten städtischen Charakter des Gebiets orientiert sich das Gebäude der Saarländer Architekten Alt & Britz an einem Würfel mit dem Idealmaß einer Stadtvilla von 20 Metern Kantenlänge. Der städtebauliche Grundgedanke des Hauses sucht die Verknüpfung der vorgefundenen Stadtstruktur mit dem Ideal des Landschaftsgartens. Ausgangspunkt sind zwei hintereinander stehende Kuben, ein offener und ein geschlossener, die jeweils aus fünf mal fünf mal sechs Würfeln bestehen. Die mittleren 60 Massenmodule wurden um vier Rasterfelder zurückgesetzt, so dass sie zur Straße hin ein Atrium umschließen und zum Garten hin von einer haushohen Pergola umringt werden. Diese Quadratur des Quadrats hätte Oswald Mathias Ungers zweifellos gefallen. Nach Meinung des Bauherrn verkörpert der Bau Funktion und Inhalt so selbstverständlich, wie es der Hochofen, die Industriehalle oder das Arbeiterhaus im Saarland tun.

LV Brandenburg und Mecklenburg-Vorpommern C 053

In den Ministergärten 1–3

S U *Potsdamer Platz*

Architekt: gmp – von Gerkan, Marg und Partner (2001), Bauherr: Land Brandenburg, Land Mecklenburg-Vorpommern

In dem Gebäudetypus einer großen Stadtvilla vereinen sich die Häuser der beiden Landesvertretungen unter einem Dach. Die Struktur der klammerartig versetzten Gebäudewinkel repräsentiert den Dualismus der Nutzung. Gemeinsame Mitte ist die mehrgeschossige öffentliche Halle unter einem Glasdach, um die in radialer Anordnung die Nutzungsbereiche in einer klaren vertikalen Gliederung gruppiert sind. Die Halle erschließt zudem zwei landestypische Gastronomien im Untergeschoss mit Zugang zum Garten. Die Individualität der Gebäudeteile wird durch die Gartenanlage auf Grundlage des architektonischen Raumkonzepts weiterentwickelt. Terrassen, Wasserflächen und märkische Kiefern bieten heimatliche Elemente, der »Philosophengang« eröffnet die Möglichkeit zu Gesprächen und zum Nachdenken. Auch in der Strukturierung der Fassade finden die Regionalbezüge ihre Entsprechung. Während die äußere Schicht aus spaltrauem Schiefer mit einem strengen Raster den brandenburgisch-preußischen Fassadentypus repräsentiert, übernimmt die rückwärtige hölzerne Schicht aus Bootsbaupaneelen den Bezug zu Mecklenburg-Vorpommern.

Landesvertretung Rheinland-Pfalz C 054

In den Ministergärten 6

S U Potsdamer Platz

Architekt: Heinle, Wischer & Partner (2000), Bauherr: Staatsbauamt Koblenz

Ein lichtgrauer Quader mit ausgespartem Entree, nach hinten herausgeschobenem Wohnkubus und übereck laufenden Horizontalfenstern, dazu eine Dachlandschaft, die wie eine »fünfte Fassade« wirkt: Wahrscheinlich hätten die meisten Bauhäusler so entworfen, wenn sie in den Zwanzigerjahren so viel zu tun gehabt hätten wie das Büro Heinle, Wischer & Partner heute. Das Farbkonzept des Hauses beruht nach Aussage der Architekten auf dem »Wechselspiel von Schwarz und Weiß«. Der hellgraue Sandstein der Fassade wird durch schwarze Fenster- und Fassadenprofile gegliedert. Weiße Wandflächen und schwarze Geländer- und Fensterprofile prägen das Innere. Um Rheinland-Pfalz aufzuspüren, empfiehlt sich der Gang in den Weinkeller.

LV Niedersachsen und Schleswig-Holstein C 055

In den Ministergärten 8/10

S U Potsdamer Platz

Architekt: Cornelsen & Seelinger, Seelinger & Vogels (2000), Bauherr: Land Niedersachsen, Land Schleswig-Holstein

Beide Länder bauten gemeinsam eine hangarartige Veranstaltungshalle mit zwei spiegelbildlichen, mit italienischem Sandstein verkleideten Büroriegeln an den Seiten. Niedersachsen residiert im westlichen Bau, Schleswig-Holstein gegenüber. Für Bewirtung und ein Mindestmaß an Lokalkolorit sorgen die *Friesenstube* und vis-à-vis das *Gartenzimmer*. Das fotogene Atrium wird durch das schöne Lichtspiel der Dachstruktur im Raum und auf dem Boden ergänzt. Der architektonische Grundgedanke, Raum für eine länderübergreifende Kommunikation anzubieten, findet Anklang.

Landesvertretung Hessen C 056

In den Ministergärten 5

S U Potsdamer Platz

52.512204, 13.379153

Architekt: Christl + Bruchhäuser (2001), Bauherr: Land Hessen, Hessisches Baumanagement

In seiner Architektur ist das Bundesland Hessen mutig. Fünf Meter kragen die Schlafgemächer des Ministerpräsidenten und seines Bevollmächtigten aus; für das Architekturbüro Christl + Bruchhäuser aus Frankfurt war dieser konstruktivistische Kraftakt der erste wichtige Entwurf. Die Architekten interpretieren den Neubau der hessischen Landesvertretung als »symbolische Kraft des Baumes, als Wachstum, Veränderbarkeit und Lebendigkeit«. Die Innenräume, geprägt durch Holz, strahlen eine warme und gediegen wirkende Atmosphäre aus. Dagegen zeigen die Außenfassaden den harten hessischen Sandstein.

Holocaust-Mahnmal

C 057

Cora-Berliner-Straße 1
S U *Brandenburger Tor*
52.514006, 13.378688

Architekt: Peter Eisenman (2005), Bauherr: Bund, Land Berlin

In den Achtzigerjahren gründete sich eine Initiative mit Lea Rosh an der Spitze zur Errichtung der zentralen Gedenkstätte für die ermordeten Juden Europas – dem Ort der Erinnerung und des Gedenkens an die bis zu sechs Millionen Opfer des Holocaust. Es folgten ein langwieriger Diskussionsprozess und zwei Architekturwettbewerbe. Hunderte Entwürfe aus der ganzen Welt wurden begutachtet. Letztlich fiel die Entscheidung zugunsten des New Yorker Architekten Peter Eisenman. In der für seine Architektur und theoretische Arbeit typischen Konsequenz hinterfragt Eisenman mit seinem Entwurf den Begriff des Mahnmals und schafft einen völlig neuen Umgang mit dem Thema Gedenken. Insgesamt 2.711 verschieden hohe, geneigte Betonquader sind auf einem sanft, aber unregelmäßig abgesenkten Gelände (Fläche: etwa 19.000 Quadratmeter) angeordnet. Man kann von allen Seiten in diese vollständig begehbare Skulptur eintauchen und ihre wellenförmige Gestalt von jedem Standort aus anders wahrnehmen. Nachts, wenn man in die Stille und Dunkelheit eintaucht, ist der Besuch besonders eindrucksvoll. Ein sehr sehenswertes unterirdisches Informationszentrum ergänzt die Anlage. Die in ihrer Stärke beeindruckende Aussage des entstandenen Werks lässt Raum für eine individuelle Auseinandersetzung mit der Geschichte. Gerade durch die Schlichtheit der Räume und die Darstellung weniger exemplarischer Einzelschicksale wird eine hohe Wirkung beim Betrachter erzielt.

Jakob-Kaiser-Haus C 058
Wilhelmstraße/Dorotheenstraße
Bundesbaugesellschaft Berlin mbh
S U *Brandenburger Tor*

Haus 1–2 058-1
Dorotheenstraße 100
Architekt: Schweger & Partner (1999)

Haus 5 und 6 058-2
Dorotheenstraße/Ebertstraße
Umbau: de Architekten Cie. (1999)

Haus 3 und 7 058-3
Dorotheenstraße 98/99
Umbau: Busmann + Haberer (1999)

Haus 4 und 8 058-4
Wilhelmstraße 68/68a
Architekt: Meinhard von Gerkan (1999)

Was passiert, wenn das deutsche Parlament ein Grundstück bietet, das bis auf fünf Altbauten frei ist, und fünf Architekten um den Bau von 1.750 Bundestagsbüros bittet? Als Erstes teilen sie die »Beute«. Supervisor Meinhard von Gerkan erhielt sich das größte Stück, die gesamte Ostfront. Thomas van den Valentyn sanierte das Kronjuwel Reichstagspräsidentenpalais, die Holländer de Architekten Cie. bauten das VDI-Haus um. Schweger & Partner konnten sich über das vollkommen freie Feld dazwischen freuen, für Busmann + Haberer blieb der von der Dorotheenstraße durchtrennte Rest mit der Sommerschen Hypothekenbank. Die Einzelgebäude, die für das Gesamtobjekt Jakob-Kaiser-Haus neu errichtet werden sollten, mussten vorhandene Bausubstanz integrieren (allerdings war der Kampf um den Erhalt der Gebäude Dorotheenstraße 100 und 102 hoffnungslos), Straßenzüge berücksichtigen und sich an die Berliner Architektur anpassen. Keine leichte Aufgabe! Die Architekten folgten dem Grundkonzept, nach dem die historische Parzellenstruktur durch zwei Riegel in der Dorotheenstraße aufgenommen, aber durch Innenhöfe gebrochen wird. Zwar fügen sich alle Einzelbauten in das Gesamte ein, sie tragen jedoch die jeweilige Handschrift ihrer Schöpfer.

Reichstagspräsidentenpalais

Presse- und Informationsamt

C 059

Neustädtische Kirchstraße 4–15,
Dorotheenstraße 74, 80–84
52.519150, 13.38366

Architekt: KSP Engel und Zimmermann (2000), Bauherr: Bundesamt für Bauwesen und Raumordnung

Für die 550 Mitarbeiter des Bundespresseamts organisierten die Architekten zwar ein Ensemble, gestalteten jedoch jedes Gebäude individuell. Die Vorkriegsbauten wirken, nachdem das *Hotel Prinz Heinrich*, die älteste Markthalle Berlins beziehungsweise das zentrale Postscheckamt des Reichs ihre Fassaden (Hermann Blankenstein, 1886 und Alfred Lempp, 1923) zurückerhalten haben, historistischer denn je. Nicht weniger überhöht wurde die DDR-Ästhetik, nur modernistisch: Den Plattenbautyp WBS 70 bekleidet nun orangefarbene Thermohaut; die »Fresswürfel« genannte Großgaststätte feierte als Presse- und Besucherzentrum Wiederauferstehung. Zudem erhielt der Bau eine haushohe, 120 Meter lange Bürokulisse aus schwarzem Glas. Inmitten der City wirbt dieser kleine PR-Pavillon für die Bundesregierung als absolute Ausnahmeerscheinung!

Spreedreieck

C 060

Friedrichstraße 140
S U *Friedrichstraße*
52.521265, 13.387931

Architekt: Mark Braun (2009), Bauherr: Harm Müller-Spreer & Co. Spreedreieck KG

Die Bebauung des Spreedreiecks am Bahnhof Friedrichstraße war jahrelang Gegenstand von Diskussionen. Realisiert wurde schließlich der Entwurf des Berliner Architekten Mark Braun, der auch schon Fosters Reichtagsumbau geleitet hatte: Es ist ein Glashaus, dessen Schwung im Grundriss mit der vertikalen Gliederung der Fassade kontrastiert. Hauptmieter ist die Wirtschaftsprüfungsgesellschaft Ernst & Young. Der Bau besteht aus einem dreigeschossigen Kellersockel, über dem zwei versetzte, konzentrisch gekrümmte Scheiben entstehen. Den Raum dazwischen bildet ein überdachtes Erschließungsquadrat mit ausgerundeten Ecken. Die im Grundriss amöbenartige Gebäudegeometrie erlaubt einen maximalen Ausblick über die Stadt sowie den respektvollen Abstand zum denkmalgeschützten *Tränenpalast*, der nach der Installation der Tiefgarage denkmalgerecht als »Ort der Geschichte« wiederaufgebaut wurde. Die Stahl-Glas-Fassade ist durch ihre Lisenenstruktur extrem vertikal akzentuiert. Dadurch wirkt der Komplex schlanker als er ist.

Hochhausentwurf Mies van der Rohe, 1924

ERNST & YOUNG

Zentrale Universitätsbibliothek D 061

Geschwister-Scholl-Straße 1–3
S U *Friedrichstraße*
52.520405, 13.390961

Architekt: Max Dudler (2009),
Bauherr: Humboldt-Universität zu Berlin

Auf dem Gelände zwischen S-Bahn, Max-Planck- und Geschwister-Scholl-Straße ist anstelle der abgerissenen Gebäudeteile des 1902 eröffneten Trianon-Theaters, das später das Metropol-Theater als Büro- und Kulissenlagerhaus nutzte, nach Plänen von Max Dudler ein zehngeschossiger Kubus für die Zentrale Universitätsbibliothek entstanden. Er beherbergt Magazine, verschiedene kleinere Lesesäle sowie einen großen treppenförmigen Lesesaal, ein Auditorium und eine Cafeteria. Mit rund zwei Millionen Medieneinheiten im Freihandbereich ist das *Jacob-und-Wilhelm-Grimm-Zentrum* Deutschlands größte Freihandbibliothek.

Admiralspalast C 062

Friedrichstraße 101
S U *Friedrichstraße*
52.520817, 13.388321

Architekt: Heinrich Schweitzer (1911), Umbau: Paul Baumgarten d. Ä. (1940), Architekt: Gewers Kühn und Kühn (2006), Bauherr: Admiralspalast Berlin GmbH & Co. KG

Zu Berlins wenigen erhaltenen historischen Vergnügungsstätten zählt der Admiralspalast an der Friedrichstraße; er blickt auf eine über 100-jährige Geschichte zurück. Seine neoantike Hauptfront mit ihren haushohen Granitsäulen und den verspielten Marmorreliefs lässt die lange Historie dieser Straße erahnen, die heute fast so erscheint, als wäre sie erst vor 20 Jahren gegründet worden. Ursprünglich aus einem Solebad hervorgegangen, entwickelte sich das 1911 errichtete Gebäude an der Friedrichstraße zu einem Vergnügungspalast mit Kegel- und Eisbahn, Bädern, Café sowie einem Lichtspieltheater. In der Zeit des Nationalsozialismus erfolgte der Umbau durch Paul Otto August Baumgarten, es entstand die »Führerloge«. Nun verlagerte sich der Schwerpunkt des Repertoires auf Operetten. Hier spielte der junge Johannes Heesters den Danilo in *Die lustige Witwe* (im Jahr 2006 sang der inzwischen 103-Jährige bei der Premierenfeier der *Dreigroschenoper* zur Wiedereröffnung erneut in diesem Haus). 1946 wurden im Admiralspalast SPD und KPD zur SED zusammengeschlossen. Ab 1955 hieß der Admiralspalast Metropol-Theater. Außerdem hat seit dem 2. Oktober 1953 das politische Kabarett *Die Distel* im Vorderhaus seine Heimstätte. Bis zu seiner Schließung im Jahr 1997 wurde das Haus als Operetten- und Musicaltheater genutzt. Eigentlich immer ausverkauft, war aber die Operette als »niedere Kunst« politisch nicht gefragt und das Musical-Angebot in Berlin Konkurrenz. 2001 erwarb die Stage Holding das Haus, gab es aber wenig später nach intensiver »Abbautätigkeit« an das Land Berlin zurück – der Umbau rechne sich nicht. Vielleicht war diese Entscheidung am Ende richtig, denn viel wäre von dem Gebäude nicht erhalten geblieben. Ein nächster Versuch des Verkaufs wurde gestartet. Ernstlich wurde diskutiert, das Haus zum Abriss freizugeben, um eine höhere Kaufsumme zu erzielen. Darauf setzte ein Proteststurm der Berliner ein; letztlich erfolgte 2003 der Verkauf an den Kulturunternehmer Falk Walter, der auch die *Arena* in Treptow erfolgreich leitet. Unter seiner Regie erfolgte ein sensibler und respektvoller Umbau des Gebäudes, ganz bewusst war keine Hochglanzsanierung geplant. Es galt, so viel wie möglich zu erhalten und dem Alten dennoch selbstbewusst mit Neuem und Zeitgenössischem zu begegnen.

Internationales Handelszentrum C 063

Friedrichstraße 94–96, Georgenstraße 31, Dorotheenstraße 34

Architekt: Erhardt Gißke mit Kajima (1978), Erweiterung: RKW Architektur + Städtebau (2002), Bauherr: WBM Investitionsgesellschaft Berlin-Mitte

Zur Feier der internationalen Anerkennung errichtete die DDR ab 1976 diesen Wolkenkratzer am Bahnhof Friedrichstraße. Der tiefbraune Kubus mit hellem Rahmen lässt sich als moderner Triumphbogen interpretieren. 1993 fand ein städtebaulicher Wettbewerb zur Umgestaltung der Dorotheenstadt statt. Christoph Langhofs Entwurf erregte besondere Aufmerksamkeit, entsprach aber nicht der generellen Zielsetzung, die vom Blockrand und von der Traufhöhe bestimmt war. Der Umbau durch RKW übernahm diese Ziele und wertete zugleich die Eingangssituation des Hochhauses auf. Zur Friedrichstraße sind eine gläserne Verbindungshalle und eine offene Plaza entstanden, flankiert von zwei traditionellen Blöcken mit überdachten Höfen. Diese Räume und Gebäude besitzen Aufenthaltsqualitäten, die Vorplatz und Nebentrakt einst nicht hatten. Pikant ist die genehmigte Gebäudehöhe von 30 statt 22 Metern, begründet mit der Höhe des vorhandenen Hauses und durch den besonderen Ort. Oder war der wahre Grund, dass es sich um eine landeseigene Gesellschaft handelte?

KulturKaufhaus Dussmann C 064

Friedrichstraße 90, Mittelstraße 5–9, Dorotheenstraße

Architekt: Miroslav Volf, Mario Campi, Franco Pessina (1997), Bauherr: Peter Dussmann

Das mitunter rund um die Uhr geöffnete KulturKaufhaus von Miroslav Volf ist der wohl populärste Baustein der neuen Friedrichstraße. Seine Hauptfront hat die historische Straße, die in der Dorotheenstadt mit zwölf Meter Fahrbahnbreite schmaler ist als in der Friedrichstadt, wiederentstehen lassen. Kolonnaden lassen viel Raum für die Fußgänger. Von der Arkade betritt man die große Halle – einen wahren Bücher- und Musiktempel. In den Bau integriert wurden die Gründerzeithäuser in der Dorotheen- und Mittelstraße. Allerdings ist in der Mittelstraße nur die Fassade erhalten geblieben. Der Rest wurde den Verkaufsräumen zugeschlagen, die sich mit einer Vielzahl an Lesegalerien um einen Glashof gruppieren. Ein zweites, tiefer gelegenes Atrium bekommt zwar kaum Tageslicht, doch dank des Cafés, einer Veranstaltungsbühne, der Wasserwand und einer blendend weißen Farbgebung besitzt es durchaus Aufenthaltsqualitäten. Bemerkenswert sind die vielen Konzerte und Lesungen bekannter und unbekannter Künstler – bei freiem Eintritt. Darüber hinaus umfasst das Projekt das Wohngebäude von Mario Campi und Franco Pessina in der Dorotheenstraße 39.

Friedrich Carré C 065

Friedrichstraße 147–149,
Georgenstraße 24–26,
Dorotheenstraße 50–56

Architekten: Becker Gewers Kühn & Kühn, Assmann Salomon und Scheidt, Metz Klotz & Partner, Walter A. Noebel, Müller Reimann (2002), Bauherr: Züblin Projektentwicklung, Württembergische Versicherung

Es war eine Forderung des Landes Berlin, gerade hier, in der Friedrich- und Dorotheenstadt, unter der Maßgabe der »kritischen Rekonstruktion« die alte Parzellenstruktur wiederaufleben zu lassen. Während bei den ersten Versuchen dieser Art häufig nur ein Rohbau errichtet wurde und dann Fassaden unterschiedlicher Architekten »davor gehängt« wurden, sind an diesem Ort tatsächlich einzelne Gebäude verschiedener Architekten entstanden. Unter der Projektleitung von Becker Gewers Kühn & Kühn wurden sechsgeschossige Bauten errichtet. Die eigentliche Innovation im Masterplan von Assmann Salomon und Scheidt (ASS) sind die Terrassen, die das *Friedrich Carré* gliedern und seine Einzelhäuser verbinden. ASS realisierten die Anschlüsse an die Nachbargrundstücke sowie die Südostecke. Das helle Wohnhaus an der Dorotheenstraße mutet aufgrund der dominierenden Balkone vor der schmucklosen Fassade nahezu südländisch an. An der Georgenstraße gestalteten ASS dagegen ein elegantes Fassadengerüst in dunkelgrauem Stein, das durch einen turmartigen Vorsprung zu den anschließenden Häusern überleitet. Der klassischen Steinlochfassade stellt die Südostbebauung mit ihren liegenden Fensterformaten in den Obergeschossen Anlehnungen an die Moderne gegenüber. Beim nördlichen Pendant griffen Metz Klotz & Partner Geschäftshausformen der Gründerzeit auf. Der Zentralbau an der Friedrichstraße von Becker Gewers Kühn & Kühn ist mit seinem bewegten Glasvorhang auf den vormaligen *Wintergarten* bezogen. Symbolhaft ist der Bau mit einem großen »Fenster« zur Friedrichstraße gerichtet. Der Entwurf für das mittlere Haus an der Dorotheenstraße mit horizontal betonter Lochfassade stammt von Walter A. Noebel, jenes an der Georgenstraße wurde von Müller Reimann errichtet. Die Außenanlagen gestalteten die Berliner Thomanek und Duquesnoy. Gerade mit Bauten dieser Art wurde die Einkaufsstraße nach der Wiedervereinigung erfolgreich wiederbelebt.

Upper Eastside Berlin

C 066

Unter den Linden/Friedrichstraße, Mittelstraße

S U *Friedrichstraße*

Architekt: von Gerkan, Marg und Partner Architekten in Kooperation mit Kahlfeldt Architekten und Prof. Augusto Romano Burelli (2008), Bauherr: Münchener Rück, vertreten durch MEAG

Die Straßenecke Unter den Linden/Friedrichstraße gehört zu den bekanntesten Adressen zwischen Schlossplatz und Brandenburger Tor. Hier hatte bis 1945 das Hotel *Victoria* gestanden, seit seiner Erbauung im Jahr 1859 und seit der Eröffnung des gleichnamigen Cafés 1878 ein beliebter Treffpunkt in der Friedrich- und Dorotheenstadt. Die Zerstörung im Zweiten Weltkrieg sowie zögerliche Planungen in der Nachkriegszeit verliehen dem Ort einen Hinterhofcharakter, der erst 1964–1966 durch einen funktionalen Hotelbau des Architekten Heinz Scharlipp städtebaulich wieder gefasst wurde. Nach der Wende entbrannte zwischen Bezirk und Senat ein langjähriger Streit um die zukünftige Bebauung des Platzes und die damit verbundene Wiederherstellung der historischen städtebaulichen Struktur. Ab 2006 wurde dann ein neuer Gebäudekomplex errichtet, mit dem nun eine der letzten verbliebenen Lücken entlang der Friedrichstraße geschlossen worden ist. Südlich befindet sich das *Lindencorso* (Christoph Mäckler), nördlich das Dussmann-Haus (Miroslav Volf, Mario Campi und Franco Pessina) – zeitgenössische Geschäftsgebäude der Neunzigerjahre. Das *Upper Eastside Berlin* knüpft an die Tradition dieser Bautypologie an. Durch die Beauftragung von drei Architekten wurde eine gestalterische Vielfalt im Block angestrebt, wie sie etwa beim Hofgarten am Gendarmenmarkt oder beim Friedrichstadt-Karree erreicht worden ist.

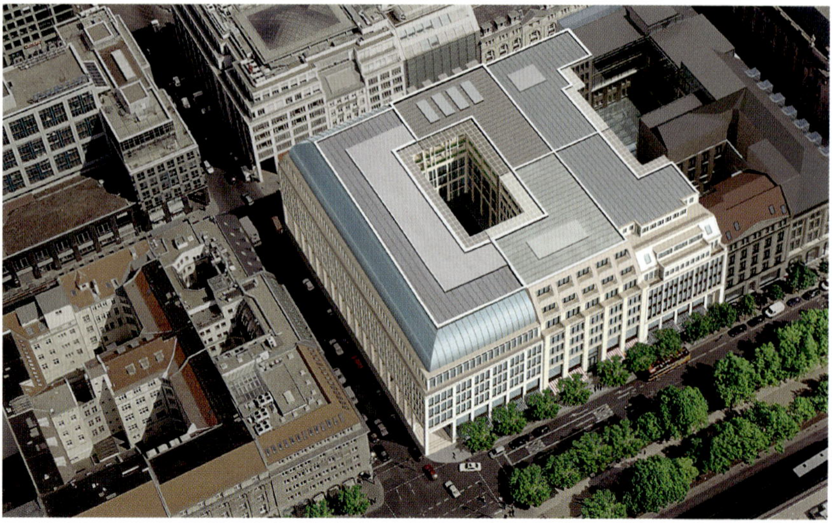

Römischer Hof®

D 067

Unter den Linden 10, Charlottenstraße, Mittelstraße
S U *Friedrichstraße*

Architekt: K. Berndt, A.F.M. Lange (1910), Sanierung: Axthelm Frinken Architekten (2006), Bauherr: Vivico Real Estate GmbH

Mit dem *Römischen Hof*® sanierte die Vivico das letzte große historische Bauwerk am Berliner Prachtboulevard Unter den Linden, das für Büro- und Geschäftsnutzung zur Verfügung steht. Der Ort hat eine lange, bedeutungsvolle Geschichte, die immer wieder mit Rom und Italien verbunden war und ist. Das Gebäude wurde 1865–1867 als *Hôtel de Rome* erbaut und 1910 von den Architekten Berndt & Lange als Büro- und Ausstellungshaus für italienische Geschäfte neu errichtet. A.F.M. Lange versah den *Römischen Hof* mit einer Fassade, in der Neoklassizismus und der damals aktuelle Art déco eine würdevolle Verbindung eingehen. Monumentale Pilaster und Säulen schmücken die Außenhaut, die sich harmonisch in die legendäre Häuserfront der »Linden« einfügt. Die ursprüngliche Gebäudestruktur mit dem jetzt als Atrium überbauten großen Innenhof und drei dem öffentlichen Raum zugewandten Seiten bot optimale Voraussetzungen für eine Rekonstruktion und eine hochwertige Nutzung. In Belebung des historischen Konzepts wurde das Gebäude als *Römischer Hof*® wiedereröffnet. Auf den etwa 9.000 Quadratmetern haben unter anderem der *Palazzo Italia* (Italian System For Business SpA – ISB) mit einem »Italien-Schaufenster«, der Autohersteller Ferrari und der internationale Verlag Condé Nast ihren Sitz gefunden.

Lindencorso

C 068

Unter den Linden 19–23, Friedrichstraße 84
S U *Friedrichstraße*

Architekt: Christoph Mäckler (1997), Bauherr: Lindencorso Grundstücksgesellschaft mbH, Katmar Grundstücksgesellschaft mbH

In den Zwanzigerjahren fanden Architekten die Ecke Friedrichstraße / Unter den Linden viel zu eng. Pläne wurden entwickelt, um ihr mehr Raum zu geben. Der Zweite Weltkrieg zerstörte die meisten Gebäude und eröffnete so die Möglichkeit, diese Ideen zu verwirklichen. 1965 wurden in Anlehnung an die historischen Pläne das *Lindencorso* – Sitz der Bauakademie der DDR – und das Hotel *Unter den Linden* weit von der Friedrichstraße zurückgesetzt errichtet. Bereits 1990 waren beide Bauten nicht mehr zeitgemäß. Im Sinne der »kritischen Rekonstruktion« wurde der Stadtgrundriss der Friedrichstadt wiederhergestellt und ein steinerner Neubau in einem angemessen ruhigen Charakter errichtet. In der Friedrichstraße befindet sich eine zweigeschossige städtische Arkade. Am Boulevard Unter den Linden waren ursprünglich repräsentative Ladengeschosse in einem stark gegliederten Sockel untergebracht. Heute nimmt hier die Berliner VW-Repräsentanz mit Showroom, Gastronomieangebot und Kinderparadies den gesamten öffentlichen Bereich ein. In den Obergeschossen befinden sich Büros, in den zwei Attikageschossen Wohnungen. Der lange Streit um Autowerbung, mit der Gestaltungssatzung des Boulevards Unter den Linden nicht vereinbar, ist heute vergessen. Vom alten *Lindencorso* ist lediglich der Name geblieben.

Sparkassenhaus E 069

Behrenstraße 46,
Charlottenstraße 47,
Rosmarinstraße 10

Architekt: Wilhelm Martens (1901), Umbau: Karl-Heinz Schommer (2002), Bauherr: Deutscher Sparkassen- und Giroverband

Was historisch homogen anmutet, ist nur im Sockelbereich der Fassade an der Behrenstraße wirklich alt. Das dort im Jahr 1901 von Wilhelm Martens fertiggestellte Geldinstitut wurde in den Zwanzigerjahren von der Commerz- und Privatbank ziemlich ungelenk aufgestockt und umso eleganter zur Rosmarinstraße erweitert. Dabei entstand an der Charlottenstraße die nicht überbaute Kassenhalle, die dem Komplex bis heute seine schlossartige Dreiflügel-Kubatur verleiht. Aus der Entstehungszeit sind lediglich das Foyer und das Haupttreppenhaus erhalten, die heute unter Denkmalschutz stehen. Auffallend an der Neugestaltung des über die gesamte Blocktiefe verlaufenden Komplexes ist besonders die markante Dachgestalt. Über der steinernen historischen Fassade erhebt sich eine rahmenlos gebogene Glashaut, die in ihrer Transparenz die Qualität der Repräsentationsräume des Deutschen Sparkassen- und Giroverbandes heraushebt und dem Gebäude eine gewisse Leichtigkeit verleiht.

Deutsche Bank ≽ D 070

Unter den Linden 13/15,
Charlottenstraße 37–38
U *Französische Straße*

Architekt: Ende & Böckmann (1891), Erweiterung: Bielenberg & Moser (1925), Umbau: Benedict Tonon mit Novotny Mähner Assoziierte (1996), Bauherr: DEBEKO

Fein ziselierte Stahlstützen, ein reich verziertes Gewölbe mit Glas-Keramik-Mosaik: Die mit Abstand schönste Kassenhalle der Stadt gehört heute zur Deutschen Bank. Errichtet hat das rote Mainsandsteingebäude die damals noch von ihr unabhängige Berliner Diskonto-Gesellschaft. Gemeinsam mit der *Solomon R. Guggenheim Foundation* wurden 1997–2012 in der Galerie im Erdgeschoss hochkarätige Ausstellungen und auf den Raum bezogene Auftragswerke gezeigt.

Versunkene Bibliothek

D 071

Bebelplatz
U *Französische Straße*
52.516511, 13.394100

Architekt: Micha Ullman (1995)

Am 10. Mai 1933 verbrannten die Nationalsozialisten in vielen Universitätsstädten Deutschlands öffentlich die Werke von ihnen verfemter Autoren. Die hiesige Bücherverbrennung auf dem Bebelplatz leitete Joseph Goebbels persönlich. An dieses Ereignis erinnert seit 1995 das Denkmal *Versunkene Bibliothek* des israelischen Künstlers Micha Ullman. Es besteht aus einem fünf Meter tief in den Boden eingelassenen Raum mit leeren Regalen, die etwa 20.000 Bände fassen könnten. Das nicht zugängliche Mahnmal erschließt sich nur beim Blick durch die gut ein Quadratmeter große, bodeneben verlegte Glasscheibe mitten auf dem Bebelplatz. Der Versuch der Nationalsozialisten, mit der Verbrennung der Bücher auch die darin enthaltenen Gedanken zu zerstören, war aufgrund der »Feuerfestigkeit« von geistigem Gut zum Scheitern verurteilt. Dementsprechend wurde die *Versunkene Bibliothek* aus nicht brennbaren Bestandteilen errichtet – aus Luft und leeren Regalen, die für den Schöpfer des Denkmals die Leerstellen zwischen Wörtern und Buchstaben bilden. Die Glasscheibe ist begehbar, so dass dem Betrachter die Unsicherheit über einem symbolischen Abgrund – dem darunter liegenden, unerreichbaren und in Teilen uneinsehbaren Raum – noch deutlicher vor Augen geführt wird. Zudem wird er durch die Spiegelung seiner Person in dieser Schnittstelle selbst zu einem Teil der Installation.

Humboldt-Universität

D 072

Unter den Linden 6
U *Französische Straße*
52.517593, 13.393713

Architekt: Johann Boumann d. Ä. (1765), Erweiterung: Ludwig Hoffmann (1920), Umbau: Hans-Erich Bogatzky, Bruno Hess (1967), Sanierung: Jürgen Sawade (1995), W. Fischer, Rüthnick Architekten Ingenieure (2004), Bauherr: Humboldt-Universität zu Berlin

Das Bauwerk der Knobelsdorffschule, ursprünglich für Prinz Heinrich errichtet, wurde erst 1810 zur Universität. Stadtbaurat Ludwig Hoffmann erweiterte das Stadtpalais zur Rückseite, von wo er eine Sichtachse zum Pergamonmuseum geschlagen wissen wollte. Nach schweren Kriegsschäden stellten Bogatzky und Hess 1949–1967 das Äußere des Gebäudes wieder her. Der ursprüngliche plastische Schmuck war bis auf die Jason-Skulptur zerstört worden. Beim Wiederaufbau ersetzte man die verlorenen Figuren über dem Mittelrisalit durch Kopien und die der Kopfbauten durch Originale des zerstörten Potsdamer Stadtschlosses. Innen liefern neoklassizistische Interieurs (anstelle der alten Aula), das Audimax und der Kinosaal hochwertige Beispiele der Fünfziger- und Sechzigerjahre-Architektur. Sie stehen heute unter Denkmalschutz.

Grand Hotel de Rome

E 073

Behrenstraße 37–39,
Französische Straße 35–38,
Hedwigskirchgasse

Architekt: Ludwig Heim (1889), Erweiterung: Wittlinger & Güldner (1896); Ludwig Hoffmann (1925), Umbau: Richard Paulick (1952); Novotny Mähner Ass., Aukett & Heese (2006), Architekt Neubau: Novotny Mähner Assoziierte, Aukett & Heese (2006), Interieurs: Studio Ziffer, Olga Polizzi, Bauherr: HOCHTIEF Projektentwicklung GmbH

Das *Hotel de Rome* ist Berlins erstes Grandhotel, das in einem City-Altbau residiert. Namenspate war eine Luxusherberge, die im Jahr 1876 Unter den Linden Ecke Charlottenstraße entstanden war, aber noch vor dem Ersten Weltkrieg zugunsten des italophilen Warenhauses *Römerhof* abgerissen wurde. Der heutige Standort im Rücken der Staatsoper Unter den Linden ist davon nur einen Steinwurf entfernt und sogar noch prominenter. Den hiesigen Palast im Stil der italienischen Neorenaissance hatte der Hofbaurat Ludwig Heim 1889 ursprünglich für die Dresdner Bank errichtet. Das Geldinstitut ließ seine Zentrale kontinuierlich erweitern, so dass die Banker zwei Jahrzehnte später nicht mehr nur die Südseite des Bebelplatzes einnahmen, sondern den gesamten Block. Zu einer weiteren Expansion kam es 1925 durch Ludwig Hoffmann: Der Stadtbaurat vereinheitlichte den Komplex mit dreigeschossigen Dachaufbauten, die allerdings am Bebelplatz aus Proportionsgründen bereits im Jahr 1952 wieder verschwanden. Stattdessen fügte Richard Paulick nun zeitgenössische Interieurs für die Staatsbank der DDR ein. Allein nach außen ließ der »rote Schlüter« (*Der Spiegel*) den Reichsstil rekonstruieren. Nach der Maueröffnung fiel das denkmalgeschützte Haus für ein Jahrzehnt in Dornröschenschlaf. Nur für kurze Zeit weckten es der hier gedrehte Spielfilm *Lola rennt* oder die an diesem Ort gezeigten *Berliner Stadtmodelle*. Zur endgültigen Wiederbelebung kam es erst im neuen Millennium: Hochtief Projektentwicklung übernahm den gesamten Bankenblock und taufte ihn *OpernCarrée*. Nach dem Entwurf von Novotny Mähner Assoziierte wies man Alt- und Neubaubereiche aus, teilte Nutzungen zu, bildete Adressen. Als Büros wurden das *BehrenPalais* und das *MarkgrafenPalais* rekonstruiert, das *GendarmenPalais* wurde komplett neu gebaut. Das *Hotel de Rome* bildet das mit Abstand größte Erbstück, von der Hedwigskirchgasse an nimmt es rund die Hälfte des Gevierts ein. Noch vor Baubeginn konnte der englische Hotelier Sir Rocco Forte als Betreiber gewonnen werden. Weltweit bekannt für das *Astoria* in Sankt Petersburg, das *Balmoral* in Edinburgh, das *Hotel de Russie* in Rom oder das *Savoy* in Florenz, steht er stets für das »erste Haus am Platz«. Diese frühzeitige Teambildung erleichterte den Ausführungsplanern von Aukett & Heese die Arbeit ungemein. Die Räume, die sie entwarfen, wurden vom italienischen Innendesigner Tommaso Ziffer eingerichtet und von Olga Polizzi, der Schwester des Hoteliers, persönlich ausgestattet. Die Pracht des Renaissance-Palazzos sichtbar zu machen war nur außen leicht: Mustergültig wurden die Fassaden restauriert, rückwärtig drei Etagen ersetzt, vorn wurde ein Terrassengeschoss aufgestockt. Keine zwei Monate nach der Eröffnung erhielt das *Hotel de Rome* das Siegel »Fünf-Sterne-plus«.

St. Hedwigs-Kathedrale E 074

Hinter der Katholischen Kirche 3
U *Französische Straße*
52.515994, 13.394584

Architekt: Johann Boumann d. Ä. (1773), Umbau: Hans Schwippert (1963), Sanierung: BBI B Bauplanung GmbH (2008), Bauherr: Erzbistum Berlin

Das Pantheon von Berlin war die erste und bis ins späte 19. Jahrhundert auch die einzige katholische Kirche der Stadt. Der Knobelsdorff'sche Entwurf wurde erst 1886 vollendet, als Max Hasak die provisorische Kuppel durch eine dauerhafte Bekrönung ersetzte. Auch zwei weitere Rekonstruktionen erfolgten durch bedeutende Kirchenarchitekten: Doch das, womit Clemens Holzmeister 1932 der Erhebung zur Kathedrale Gestalt gab, fiel kurz darauf im Zweiten Weltkrieg der Zerstörung anheim. Danach stellte der Düsseldorfer Hans Schwippert nur die Umfassungsmauern originalgetreu wieder her. Das Innere wurde ausgeräumt, die Orgel modernisiert und der Raum mit einer filigranen Betonrippenkuppel überkrönt sowie außen mit patiniertem Kupfer bekleidet. Eine neuerliche Sanierung der St. Hedwigs-Kathedrale ab 2008 konnte jedoch allein durch Spenden und Gottes Segen nicht mehr finanziert werden. Deshalb hatte sich die Kirchenführung des Bistums Berlin, allerdings »mit großen Bedenken«, darauf verständigt, mittels großer Werbeplanen am Gotteshaus das nötige Geld aufzubringen. Der damalige Erzbischof Georg Kardinal Sterzinsky erklärte seinerzeit, Plakatwerbung vor einem Gotteshaus wäre »durchaus nicht verwerflich, solange sie sittlich neutral« sei.

Juristische Fakultät D 075

Unter den Linden 9/11, Bebelplatz
U *Französische Straße*
52.516443, 13.393332

Umbau: Fritz Meinhardt, Werner Kötteritzsch (1969); Ingrid Hentschel, Axel Oestreich (2008), Bauherr: Humboldt-Universität zu Berlin, Stiftung Denkmalschutz Berlin

Die Juristische Fakultät der Humboldt-Universität residiert in drei Bauten: 1. In der barocken, »Kommode« genannten Alten Bibliothek am Bebelplatz, die Georg Christian Unger und Georg Friedrich Boumann 1780, an Planungen von Joseph Emanuel Fischer von Erlach für die Wiener Hofburg orientiert, errichteten. 2. In dem klassizistischen Alten Palais an der Ecke Unter den Linden, das Karl Ferdinand Langhans d. J. 1837 für den späteren Kaiser Wilhelm I. erbaute. 3. Im sogenannten Gouverneurshaus, das Friedrich Wilhelm Diterichs im Jahr 1721 an der Rathausstraße Ecke Jüdenstraße errichtete. Alle drei Gebäude wurden in den Sechzigerjahren funktional zusammengefasst, äußerlich originalgetreu rekonstruiert und mit modernistischen Interieurs ausgestattet, die keinen Vergleich scheuen mussten. Nach 1994 wiederholte Ingrid Hentschel dieses Vorgehen, wobei großflächig verglaste Portale eine Reverenz an die moderne Gestaltung des Inneren bilden. Die polychrome Fassadentönung des Alten Palais wurde durch die *Stiftung Denkmalschutz Berlin* sorgfältig restauriert. Letzter Baustein der Sanierung des äußeren Erscheinungsbilds war die Wiederherstellung der 1962 abgebrochenen begrünten Pergola am Bebelplatz. Die Finanzierung dieser Maßnahme erfolgte ebenfalls über Werbeeinnahmen.

Maxim-Gorki-Theater ≈ D 076

Am Festungsgraben 2
Ⓢ Hackescher Markt
52.518780, 13.395134

Architekt: Karl Theodor Ottmer (1827), Sanierung: Planungsgruppe Fünf (2000), Bauherr: Land Berlin

In Anlehnung an Entwürfe Karl Friedrich Schinkels entstand dieser Tempelbau für die Sing-Akademie zu Berlin. Nach dem Zweiten Weltkrieg wurde er auf Befehl der sowjetischen Militäradministration 1946/1947 als *Haus der Sowjetischen Kultur* wiedereröffnet. Die Außenarchitektur wurde originalgetreu wiederaufgebaut, innen verbanden sich neoklassizistische und barocke Elemente mit Fünfzigerjahre-Geschmack. 1952 begann der Theaterbetrieb. Die Sanierung in den Neunzigerjahren polierte Außenhaut und Innenräume denkmalgerecht auf. Der Saal bekam eine Klimaanlage, neue Bühnentechnik und Bestuhlung sowie ein ansteigendes Parkett.

Neue Wache ≈≈ D 077

Unter den Linden 4
Ⓢ Hackescher Markt
52.51782, 13.395562

Architekt: Karl Friedrich Schinkel (1818), Umbau: Heinrich Tessenow (1931); Heinz Mehlan, Lothar Kwasnitza (1960/1969), Hilmer & Sattler (1993), Bauherr: Bundesrepublik Deutschland

Schinkels klassizistische *Neue Wache* wandelte sich durch Heinrich Tessenows Überdachung zu einem *Ehrenmal für die Gefallenen des Krieges*. Was die Nationalsozialisten dann zu einem *Reichsehrenmal* hochrüsteten, gestaltete Heinz Mehlan im Jahr 1960 zum *Mahnmal für die Opfer des Faschismus und Militarismus* um. Jahrzehntelang brannte hier die »Ewige Flamme«. Nach 1993 wurde die Widmung in *Zentrale Gedenkstätte der Bundesrepublik Deutschland für Opfer von Krieg und Gewaltherrschaft* geändert und im Inneren eine vergrößerte Replik der trauernden Mutterfigur *Pieta* von Käthe Kollwitz

aufgestellt. Lange hatte Helmut Kohl darüber mit den Erben der Künstlerin verhandelt. Bedingung war, dass die Standbilder der Generäle Scharnhorst und Bülow, seit 1951 im Depot, nicht wie vor dem Krieg im Bereich der *Neuen Wache* aufgestellt würden. Sie haben ihren neuen Standort nun im Prinzessinnengarten. Das Bauwerk zeigt heute den Zustand von 1931, gefasst vom 1969 entstandenen Kastanienwäldchen.

Galeriehaus ≫ D 078

Am Kupfergraben 10
Ⓢ Hackescher Markt
52.519290, 13.396997

Architekt: David Chipperfield (2007), Bauherr: Céline und Heiner Bastian

Diese keine 600 Quadratmeter kleine Ecke markiert den Übergang von der Spreeinsel zum Deutschem Historischen Museum. Hier fand 2003 eine der bedeutendsten privaten Architekturkonkurrenzen statt: Der international renommierte Kunstsammler Heiner Bastian wünschte sich drei Galerien und eine Dachgeschosswohnung. Es beteiligten sich Stardesigner wie Frank O. Gehry, Peter Zumthor oder Hans Kollhoff. Vergeblich: Die nicht weniger prominent besetzte Jury sprach sich für David Chipperfield aus. Bastians Privatsammlung, die Kollektion von Christiane zu Salm sowie die *Gallery for Contemporary Fine Arts* bekamen Weißräume in Reinstkultur: An die sechs Meter messen ihre Schauhallen im Lichten! Nur wenige kleinere Fassadenvitrinen gewähren großzügige Einblicke in die Gesetze des Kunstmarketings. Andererseits sind die riesigen Holzfenster so geschickt auf Dom, Pergamonmuseum, Zeughaus und Fernsehturm ausgerichtet, dass in den Ausstellungen stets auch die Stadt entscheidendes Exponat ist. Sinnlichstes Schaustück sind indes die geschlossenen Frontpartien: Diese geschlemmten beigefarbenen Gebrauchtklinker wollen berührt werden!

Ungarisches Kulturinstitut ≫ D 079

Dorotheenstraße 12–14
Ⓢ Hackescher Markt
52.519339, 13.394604

Architekt: ASP Schweger Assoziierte (2007), Bauherr: Republik Ungarn

Ungarn ist der einzige ausländische Staat, der in Berlin nach 1990 gleich zwei Neubauten stemmte: die Botschaft und das Kulturinstitut. Das *Collegium Hungaricum* ist nun dorthin zurückgekehrt, wo es bereits 1924–1945 residiert hatte: hinter das Maxim-Gorki-Theater. Auf diese Zeit bezieht sich der Bau auch formal: Der kunstvolle Entwurf des Architekturbüros von Peter Schweger, der sich in einem Wettbewerb durchsetzte, ist eine frei stehende Kiste gemäß den Regeln der klassischen Moderne. Riesige Fenster projizieren die Kultur, die im Café, in der Ausstellungsetage, dem großen Aufführungssaal und in der Bibliothek stattfindet, bis auf den Boulevard Unter den Linden.

Deutsches Historisches Museum D 080

Unter den Linden 2
S Hackescher Markt
52.517720, 13.397052

Architekt: diverse (1706), Umbau: Winfried Brenne, I. M. Pei mit Schlaich, Bergermann und Partner (2004), Bauherr: Deutsches Historisches Museum

Heute ist das Zeughaus, Berlins größter erhaltener Barockbau, Sitz des Deutschen Historischen Museums. Die vier Baumeister, die 1695–1706 am Waffenarsenal gearbeitet hatten, scheinen recht glücklos gewesen zu sein. Johann Arnold Nering starb kurz nach der Grundsteinlegung, Martin Grünberg trat 1698 zurück, Andreas Schlüter wurde seines Amtes enthoben, weil die statisch falsch geplante Attika einstürzte. Schlüter schuf die berühmten Masken der sterbenden Krieger an den Schlusssteinkartuschen und ist wohl der bekannteste Baumeister, der an diesem Haus arbeitete. Jean de Bodt vollendete schließlich den Bau. 1877 wurde unter Friedrich Hitzig das Arsenal zur preußischen »Ruhmeshalle« und zum Militärmuseum umgebaut. Im Zweiten Weltkrieg beschädigt, beauftragte die DDR-Führung 1952 Otto Haesler mit der Restaurierung und Neugestaltung des Gebäudes als »Museum für Deutsche Geschichte«. Auch im Westteil der Stadt sollte ein Deutsches Historisches Museum gebaut werden. Den 1988 dafür ausgeschriebenen Wettbewerb gewann Aldo Rossi. Nach dem Fall der Mauer wurde dieses Projekt gestoppt und das Zeughaus vom Deutschen Historischen Museum übernommen. Die Fassade wurde 1994–1998 saniert (wobei man zum historisch verbürgten Rosa zurückkehrte), der Hof wieder überdacht. I. M. Pei entwickelte mit dem Stuttgarter Ingenieurbüro Schlaich, Bergermann und Partner die filigrane Glaskuppel. Seit April 2004 ist auch der Schlüterhof wieder der Öffentlichkeit zugänglich.

Erweiterungsbau des DHM D 081

Hinter dem Gießhaus 1
S Hackescher Markt
52.518692, 13.396376

Architekt: I. M. Pei mit Eller + Eller (2003), Bauherr: BBR, Bundesrepublik Deutschland

Welche Grandezza sich einem 2.000-Quadratmeter-Grundstück abgewinnen lässt! Nachdem sich dem Deutschen Historischen Museum am Zeughaus nicht mehr Erweiterungsfläche bot, wählte Bundeskanzler Helmut Kohl persönlich einen ausgewiesenen Fachmann für Repräsentationsarchitektur. Louvre-Neubauer I. M. Pei entwarf einen monolithischen Kalksteinblock für Werkstatt und Wechselausstellungen. Ausgespart blieb lediglich die Erschließungshalle, die sich via Souterrainstraße bis in den Hof des Zeughauses erstreckt. Ebenfalls vollverglast, aber gewendelt, verbindet eine Steigstraße die Obergeschosse. Dieser an die Spitze des Tortenstücks angedockte Glaszylinder wirkt zugleich als Eyecatcher – für die Flaneure am Boulevard Unter den Linden und mehr noch für die Medien.

Kommandantur ≽ D 082

Unter den Linden 1
Ⓢ Hackescher Markt
52.517382, 13.397872

Architekt: Thomas van den Valentyn, R. & Y. Stuhlemmer (2003), Landschaftsarchitekt: Levin Monsigny, Bauherr: Bertelsmann AG

Weil es sich so leicht übersehen lässt: Dies ist nicht das 1654 vom Festungsbaumeister Johann Gregor Memhard errichtete Wohnhaus, das Friedrich Wilhelm Titel 140 Jahre später für den Berliner Stadtkommandanten hochrüstete. Nachdem das Original nach schweren Kriegszerstörungen Anfang der Sechzigerjahre abgerissen worden war, bauten Rupert und York Stuhlemmer die rustizierte Fassade höchst detailgetreu nach Messtischblättern wieder auf. Selbst die Adler auf dem Dach wurden millimetergenau im Maßstab 1 : 1 wiederhergestellt. Dagegen hat Thomas van den Valentyn dem Inneren eine zeitgemäß lichte Offenheit verliehen, die sich insbesondere am rückwärtigen haushohen Wintergarten zeigt. Klassische Moderne und preußischer Klassizismus finden hier in Harmonie zueinander – was sich vom Innenleben nicht immer behaupten lässt. Der im öffentlichen Gehweg gelegene Vorgarten stellt eine Ausnahme im Verlauf des Boulevards Unter den Linden dar – ein Grund, das freiräumliche Thema des Vorgartens zusammen mit dem Gebäude wiederentstehen zu lassen. Mit Bezug auf historische Kartenwerke Karl Friedrich Schinkels wurde der Vorgarten der Kommandantur in seiner Umsetzung leicht modernisiert und bildet zwei Halbkreise.

Friedrichswerder

Ansgar Oswald

Die Bürger kommen in die Stadt zurück. Nicht eine Baugesellschaft entwirft ein Stadtquartier, sondern es sind Familien, die mit ihren Architekten ein Haus samt Garten planen und bauen. Und das alles mitten in Berlin – unweit von Gendarmenmarkt, dem Boulevard Unter den Linden und Schlossplatz. Schon die geografische Lage für das Projekt Friedrichswerder-West ist angesichts bislang üblicher Investorenarchitektur zweifellos revolutionär. Historisch gesehen aber ist die Idee, den Bürger mit einem eigenen Haus an der Konstruktion der Stadt mitbauen zu lassen, eine Rückbesinnung auf eine bis ins 18. Jahrhundert hinein zu beobachtende Konstante der europäischen Stadt schlechthin. Bürgerhäuser waren geradezu die Voraussetzung für das Entstehen der Stadt, in ihnen artikulierte sich architektonisch das Gemeinwesen als Sozialgebilde. In vielen Städten dokumentieren dies heute teils noch bis in das 14. Jahrhundert zurück datierbare Bauzeugnisse bürgerlicher Lebenskultur, die erst mit der Industrialisierung in der zweiten Hälfte des 19. Jahrhunderts das individuelle Bürgerhaus als einen eigenständigen Bautypus schließlich im städtischen Wohn-, Miets- und Geschäftsgebäude als zusehends auch funktional getrennte Einheiten aufgehen ließ. Die Wiederbebauung der (bis auf das Haus der heutigen Marokkanischen Botschaft) nach 1945 abgeräumten ersten barocken Stadterweiterung der Doppelstadt Berlin-Cölln mit Bürgerhäusern auf dem Friedrichswerder ist somit als städtebauliches Konzept Zäsur und Kontinuum in einem. Das gilt jedoch nicht für die Architektur. Denn diese neuen Townhouses sind, mit ihrer jeweils eigenen baulichen Gestalt, mehr eine architektonische Ausdrucksform des sich hier artikulierenden Individualismus als die eines wie auch immer gearteten geschichtlichen Bezugs. Nicht einmal die städtebauliche Figur aus einer Reihung von Bürgerhäusern, die an zwei Formationen von Gewehr bei Fuß stehenden Grenadieren erinnert, entspricht der einstigen Bebauung. Denn die Bauten, die zwischen 1650 und 1700 zwischen stehendem und fließendem Gewässer entstanden waren, lassen sich architektonisch als Übergang zwischen der planmäßigen Stadtanlage – wie sie sich kurze Zeit später in der Dorotheen- und Friedrichstadt zeigte – und dem für mittelalterliche Städte typischen Häusergewimmel beschreiben. So viel Ordnung, wie sie der heutige städtebauliche Entwurf und die Stadthäuser als Bautypologie in ihrer preußischen Diszipliniertheit betonen, hatte es hier früher nie gegeben. Das Gewimmel von einst zeigt sich nun sortiert in einem zuweilen schon spielerisch bunt anmutenden Gesamtbild. Aber dieser Unterschied zum historischen Zustand macht das Neue aus: ein Exempel für eine Reparatur der Berliner Kernstadt. Dem entsprechen auch die Wohn-, Geschäfts- und Bürohäuser, die wie Architekturklammern die Blockgefüge zusammenhalten. Die eigentliche Zäsur in dieser Lage ist indes im luxuriösen Gefüge des neuen Friedrichswerder zu finden. Die geschichtliche Kontinuität setzt sich am stärksten in der funktionalen Ausrichtung, im Neben- und Ineinandergreifen von Leben, Arbeiten und Wohnen fort. Allein schon deshalb sind die Stadthäuser keine Eigenheime. Städtebaulich stellen die Bürgerhäuser nur einen Baustein dar und die jetzt entstehenden dortigen Quartiere sind lediglich Teile eines Gesamtprojekts, um dem Friedrichswerder neues städtisches Leben einzuhauchen. Längst ist die Bebauung um die Friedrichswerdersche Kirche über den theoretischen Willen der Hauptstadtplanung hinaus ein Auftakt, um auch in den übrigen Altstadtbereichen die früheren Straßen- und Platzstrukturen wieder sichtbar zu machen.

Friedrichswerder, 2002

Friedrichswerder, 2008

Caroline-von-Humboldt-Weg, 2012

Caroline-von-Humboldt-Weg 32 E 083
Architekt: Johanne Nalbach (2008)

Caroline-von-Humboldt-Weg 30 E 084
Architekt: Johanne Nalbach (2007)

Caroline-von-Humboldt-Weg 28 E 085
Architekt: Johanne Nalbach (2007)

Caroline-von-Humboldt-Weg 26 E 086
Architekt: Oliver Preikschat (2007)

Caroline-von-Humboldt-Weg 24 E 087
Architekt: Ulrich Jasper (2009)

Caroline-von-Humboldt-Weg 22 E 088
Architekt: Schuwirth & Erman (2007)

Caroline-von-Humboldt-Weg 20 E 089
Architekt: Natascha Meuser (2007)

Caroline-von-Humboldt-Weg 18 E 090
Architekt: Marc Jordi (2007)

Caroline-von-Humboldt-Weg 16 E 091
Architekt: Becher + Rottkamp (2007)

Caroline-von-Humboldt-Weg 14 E 092
Architekt: Bernd Albers (2007)

Caroline-von-Humboldt-Weg 12 E 093
Architekt: Annette Wilms (2006)

Caroline-von-Humboldt-Weg 10 E 094
Architekt: Ulrich Jasper (2008)

Friedrichswerder, 2011

Caroline-von-Humboldt-Weg 4 E 095
Architekt: Johanne Nalbach (2007)

Kleine Jägerstraße 3 E 096
Architekt: Stephan Höhne (2008)

Oberwallstraße 15 E 097
Architekt: David Chipperfield (2009)

Oberwallstraße 10 E 098
Architekt: Johanne Nalbach (2007)

Oberwallstraße, 2012

Oxford Residence

E 099

Kleine Jägerstraße 11
U Hausvogteiplatz
52.512938, 13.398452

Architekt: Müller Reimann (2007), Bauherr: Friedrichswerder Grundstücksgemeinschaft

Mit dem dunklen, etwas rustikalen Backstein, den weiß abgesetzten Fensterfaschen und dunkel lackierten Schlosserarbeiten evoziert dieses Gebäude auf den ersten Blick den Typus des Stadthauses. Darüber hinaus stellt der Backstein Bezüge zur Schinkel'schen Bauakademie und zur Friedrichswerderschen Kirche her. Die Fassade ruht auf einem hellen Sockel und wird durch vier Loggienachsen vertikal gegliedert, so dass ein Wechsel von Loggien und Risaliten entsteht. Den Dachabschluss bildet eine steinerne Attika. Straßenseitig wurde die Gebäudehülle als zweischaliges hinterlüftetes Klinkermauerwerk ausgeführt, während die Fassade des Hochparterres, die durchlaufenden Gesimsbänder, die Fenstereinfassungen und Brüstungsfelder sowie die Attika als helle Putzoberfläche hergestellt worden sind. Auch die Seite zum Hof hat eine helle Putzoberfläche erhalten. Das Gebäude beherbergt 16 Eigentumswohnungen sowie im Ergeschoss ein Ladenlokal, die Wohnungsgrößen variieren zwischen 80 und 280 Quadratmetern. Auf dem Dach befinden sich Dachterrassen mit kleinen Dachstudios. Der Name des edlen Wohnbaus verrät, an welchen Vorbildern sich Architekt und Investor orientierten: an den Royals jenseits des Kanals!

Haus Vogtei

E 100

Hausvogteiplatz 14
U Hausvogteiplatz
52.51334, 13.397334

Architekt: Nägeli Architekten, Walter Nägeli / Gudrun Sack, GRAFT Architekten (2012), Bauherr: Living Bauhaus HV 14 GmbH

Die besondere Lage des Grundstücks am Kopf des Hausvogteiplatzes, wo sich einst die alte Hausvogtei befand, wird durch ein für Berlin gegenwärtig einzigartiges LED-Beleuchtungskonzept unterstrichen. Durch seine hohe Plastizität, die großmaßstäbliche Gliederung und durch die repräsentative Loggia mit außen liegender Treppe nimmt das Haus den Charakter eines offenen Gebäudes an. Erst auf den zweiten Blick entpuppt sich der dominante Bau als Wohnhaus – und bei genauerem Hinsehen bleibt auch seine Exklusivität kaum verborgen.

Bauakademie

E 101

Werderscher Markt
U *Hausvogteiplatz*
52.515710, 13.399180

Architekt: Karl Friedrich Schinkel (1836), Bauherr: Förderverein für die Schinkelsche Bauakademie e. V.

1961 war die kriegsbeschädigte und bereits teilsanierte Bauakademie abgerissen worden; die Neugestaltung des Marx-Engels-Platzes und das DDR-Außenministerium beanspruchten ihren Raum. Dies ist sowohl städtebaulich als auch ideologisch kaum nachvollziehbar. Denn mit dem Klinkerwürfel in Skelettbauweise, die Schinkel 1829 in England kennengelernt hatte, holte er die industrielle profane Zweckarchitektur mitten in den Nukleus hohenzollerisch-preußischer Repräsentation. Seit 2001 steht die rekonstruierte Nordostecke, eine Plane markiert die einstigen Gebäudekonturen. Sie sind der erste Baustein für die Wiederherstellung des Hauses nach originalen Plänen, die vor allem vom Förderverein vorangetrieben wird.

Friedrichswerdersche Kirche

E 102

Werderscher Markt
U *Hausvogteiplatz*
52.515631, 13.397710

Architekt: Karl Friedrich Schinkel (1830), Umbau: Martina Abri/Christian Raabe (2000), Bauherr: Stiftung Preußischer Kulturbesitz

Eine englisch-preußische Mischung zeichnet diesen Sakralbau mit seinen gotischen und romanischen Elementen aus. Schinkels Besuch in England hatte hier schon seine Wirkung gezeigt: zum Beispiel in den Türmen im einschiffigen Kirchenraum, der den dortigen Chapels folgt. All diese Elemente führen zusammen mit dem Rückgriff auf die norddeutsche Backsteintechnik zu einer ganz eigenen Architekturfigur von ungeheuer klarer, stolzer und zugleich unprätentiöser Strahlkraft. Originale Einrichtungsstücke wie die Eichenkanzlei, Glasfenster und die Altarmensa machen die seit 1987 als Dependance der Alten Nationalgalerie fungierende Kirche zu einem Museumsstück in eigener Sache.

Schinkelplatz «

D 103

U *Hausvogteiplatz*
52.516844, 13.398491

Architekt: Peter Joseph Lenné (1837), Wiederherstellung: HORTEC GbR (2008), Bauherr: DSK Deutsche Stadtentwicklungsgesellschaft mbH / Land Berlin

Kein Stadtplatz ist dem Original Lennés heute näher! Nach Abriss des DDR-Außenministeriums realisierten die AG Umweltplanung und Bert Grigoleit 1995 zunächst eine grüne Sparversion. Ab 2005 ließ dann die Gartendenkmalpflege mit von der Hinckeldey-Stiftung eingeworbenen Spenden das Bodenmosaik, die riesige runde Granitbank, die Fontäne sowie die Sockel der Statuen von Karl Friedrich Schinkel (Drake), Christian Peter Wilhelm Beuth (Kiß, Drake) und Albrecht Thaer (Rauch, Hagen) wiederherstellen.

Wohn- und Geschäftshaus » D 104

Spittelmarkt 10
U Spittelmarkt
52.512427, 13.402643

Architekt: Novotny Mähner Assoziierte (2006), Bauherr: SEB Immobilien Investment GmbH

Das Gebäude wirkt wie eine einzige Werbetafel: Hier geht's zum Spittelmarkt! Neun Geschosse hoch ist es, die Bodenbreite beträgt indes kaum zwölf Meter. Wer das volltransparente Foyer von der Schauseite aus betritt, steht schon fast in der Kleinen Kurstraße. Zwei Ladengeschosse sind als Arkaden ausgebildet. Die Wohnungen in den Staffelgeschossen öffnen sich mit Loggien, nur die Büros zeigen »normale« Fenster. Wichtigster Baugrund war die alte Spreequerung, an der das Haus liegt. Wann tatsächlich hier wieder Autos rollen werden, ist derzeit nicht absehbar. Sicher ist eines: Der Brückenkopf zum Spittelmarkt ist dann schon da! Elegant zeichnet er gemeinsam mit seinem Nachbarbau den ehemaligen Verlauf der Gertraudenstraße nach.

Auswärtiges Amt «» E 105

Werderscher Markt 1
U Hausvogteiplatz
52.515508, 13.398877

Architekt: H. Wolff (1940)/P. Nitze (1925), Sanierung: Hans Kollhoff, Gerhard Merz (1997), Erweiterung: Müller Reimann (1999), Bauherr: Bundesamt für Bauwesen und Raumordnung

Das Aushängeschild des Auswärtigen Amts ist ein Neubau, der sich zu drei Seiten mit großzügigen Höfen öffnet. Dieser Travertinkubus ist dem ungleich größeren Granit-Sandstein-Block vorgebaut, der ab 1933 als Reichsbank errichtet wurde und nach dem Zweiten Weltkrieg als SED-Zentrale diente. Hier fand eine denkmalpflegerische Revolution statt. Denn Hans Kollhoff baute die Nazi- und DDR-Vergangenheit einfach weiter, samt Kronleuchtern! Einziges Ausrufezeichen der Moderne sind die monochromen Wandflächen von Gerhard Merz. So markiert das Amt vortrefflich die Wiedereingliederung in den Lauf der Zeit.

Spittelkolonnaden E 106

Leipziger Straße

U *Hausvogteiplatz*

52.510803, 13.398999

Architekt: Carl Philipp C. von Gontard (1776), Sanierung: Bezirksamt Mitte (1997), Bauherr: Bezirksamt Mitte

Die Spittelkolonnaden entstanden einst als Schmuck beiderseits der Brücke, mit der die Leipziger Straße den Festungsgraben querte. Carl von Gontard schuf ein frühes Werk des Klassizismus, in dem noch der Barock nachklingt. Die südliche Kolonnade musste 1929 einem Neubau weichen, die nördliche Kolonnade wurde im Zweiten Weltkrieg zerstört. 1979 wurde eine Nachbildung in der Nähe des historischen Standorts inmitten der Hochhäuser aufgestellt, bei der jüngsten Sanierung erhielt sie einen Graffiti-Schutzanstrich.

Kindertagesstätte E 107

Jerusalemer Straße 10

U *Hausvogteiplatz*

52.511803, 13.396858

Architekt: Volker Staab Architekten (2002), Bauherr: Bezirksamt Mitte, DSK

Im Zusammenhang mit den Wohnbauten der Leipziger Straße wurde in den Siebzigerjahren auch ein Kindergarten gebaut. Er hieß »Kigakikri« (Kindergarten-Kinderkrippe-Kombination) und hatte 270 Plätze. Mit der Wende sank die Kinderzahl massiv, so dass eine neue Lösung gefunden werden musste. Das alte Gebäude wurde abgebrochen, ein Teil des Grundstücks an die Nachbarinvestoren verkauft und auf dem Restgrundstück mit Geldern aus dem Hauptstadtfonds eine neue Kindertagesstätte errichtet. Anliegen des Wettbewerbssiegers Volker Staab war nicht ein verspieltes Haus, sondern eines zum Spielen. Um den kompakten Baukörper zum Garten zu öffnen, wurde ein Terrassenraum durch das Gebäude gesteckt, der alle Etagen über außen liegende Treppen mit den Freiflächen verbindet. Durch eine Drehung des u-förmigen Grundrisses ergaben sich für jedes Geschoss versetzte große Spielterrassen. Kleine Spielerker, die aufgrund ihrer Raumhöhe nur von den Kindern benutzt werden können, strukturieren die einfachen Putzfassaden.

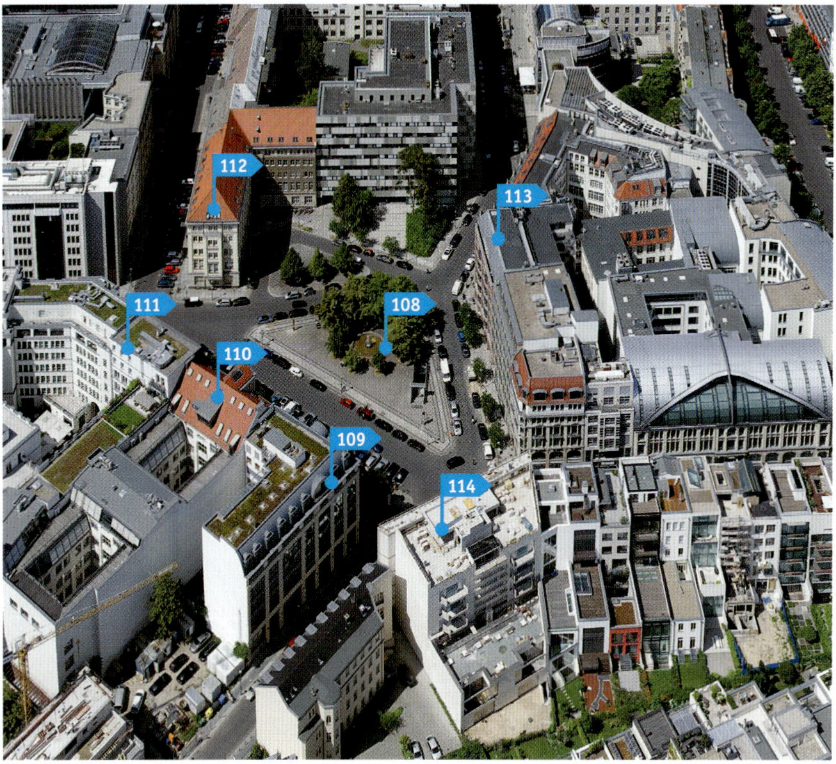

Hausvogteiplatz

U Hausvogteiplatz
52.513052, 13.396544

Der seltsame Grundriss ist letztes Zeugnis der Festungsstadt, der Name resultiert aus dem Arrestlokal, das 1789 an der III. Bastion entstanden war. Den dreieckigen Stadtplatz entwarf Peter Joseph Lenné 1890. Nach einem gartenarchäologischen Gutachten von Lesser Sayrac wurde das Arrangement aus Linden, Kastanien, Bänken und dem Brunnen von Willnecker & Siegmann 2001 wiederhergestellt. So hat das einstige Modezentrum Berlins seinen ruhigen Mittelpunkt zurückerhalten.

Platzgestaltung E 108

Architekt: Peter Joseph Lenné (1890)
Restauration: Lesser Sayrac, Willnecker & Siegmann (2001)
Bauherr: DSK

Office-Center am Auswärtigen Amt E 109

Hausvogteiplatz 13
Architekt: Christoph Czarniak (1999)
Bauherr: Züblin AG

Haus Zur Berolina E 110

Hausvogteiplatz 12
Architekt: Hermann August Krause (1895)
Umbau: Pysall Stahrenberg & Partner (2002)
Bauherr: TLG Immobilien AG

Memhard-Ensemble E 111

Hausvogteiplatz 10/11/11a
Architekt: Gesine Weinmiller, Patzschke & Partner (2004)
Bauherr: Bauwert Property Group

Weierstraß-Institut (WIAS) E 112

Hausvogteiplatz 9/Mohrenstraße 39
Architekt: Otto March (1890)
Sanierung: Casa_Nova (1995)
Bauherr: IGB Berlin e. V.

Medienhaus E 113

Hausvogteiplatz 2
Architekt: Pysall, Stahrenberg & Partner (1995)
Bauherr: Groth & Graalfs

Haus Vogtei E 114

Hausvogteiplatz 14
Architekt: Nägeli Architekten, Walter Nägeli/Gudrun Sack (2012)
Bauherr: C & H, City and Home GmbH

Deutsche Telekom

E 115

Jägerstraße 42–44,
Oberwallstraße 5,
Französische Straße 33–33c

Architekt: Wilhelm Salzenberg, Adolph Lohse (1864), Erweiterung: Carl Schwatlo (1878), Umbau: Carsten Henze & Heiko Vahjen (1999), Bauherr: Deutsche Telekom AG

Weltoffen und interaktiv präsentiert sich die Deutsche Telekom mit ihrer Hauptstadtrepräsentanz in Mitte. Die Geschlossenheit der historischen Fassade und die Transparenz des Neubaus verleihen dem Haus eine charakteristische Ausstrahlung. Zukunft hat aber auch immer Geschichte. 1861–1863 wurde im Herzen der Stadt die neue Zentraltelegraphenstation in der Französischen Straße errichtet und am 1. Januar 1876 in Kaiserliches Haupttelegraphenamt umbenannt. Der Erweiterungsbau von 1877/1878 in der Jägerstraße rief die Bewunderung der zeitgenössischen Architekturkritik hervor. So pries Kunsthistoriker Wilhelm Lübke das nach venezianischem Vorbild erbaute Gebäude als ein Haus, das »einen ungemein vornehmen Eindruck« mache. Während des Zweiten Weltkriegs wurde das Gebäude in weiten Teilen zerstört. Mit der denkmalgerechten Restaurierung und mit der Gestaltung des Neubaus an der Französischen Straße wurden Henze & Vahjen beauftragt.

Belgische Botschaft ≫

E 116

Jägerstraße 52–53
U *Französische Straße*
52.514367, 13.394486

Umbau: Barbara Rüthnick Architekten (2001), Landschaftsarchitekt: Benoit Fondu, Mario Bobsien (2001), Bauherr: Staat Belgien

Eine weitgehende Erhaltung der Stahlbeton-Skelettkonstruktion der vorhandenen DDR-Plattenbebauung aus dem Jahr 1966 war die Grundvoraussetzung, unter der der Umbau und die Aufstockung des Gebäudes für die Botschaft des Königreichs Belgien erfolgen sollten. Der Eingangsbereich des Hauses wurde entkernt und durch die Entfernung von Deckenelementen größer und repräsentativer gestaltet. Weitgehend übernommen wurde die Struktur der Fassade und der Fenster.

Konzerthaus

E 117

Gendarmenmarkt 3–4
U Französische Straße
52.513614, 13.392322

Architekt: Karl Friedrich Schinkel (1821), Umbau: Manfred Prasser mit Peter Weiß, Eberhard Just (1984), Peter Kulka (2003), Bauherr: Prof. Dr. Werner Otto

Das ausschließlich auf Pfeilern ruhende Tragwerk, das Schinkel auf den Fundamenten des seinerzeit niedergebrannten Nationaltheaters errichtete, war 1821 innovativ. Das ab 1885 sandsteinverkleidete Äußere ist bis heute eine Ikone des Klassizismus geblieben! Die Kriegsruine ließ Manfred Prasser äußerlich in Kleinstarbeit wiederherstellen. Innen nahm er einen Nebensaal Schinkels und setzte ihn vergrößert an die Stelle des Bühnentrakts.

Französischer Dom

E 118

Gendarmenmarkt 5–7
U Französische Straße
52.514353, 13.392195

Architekt: Louis Gayard, Abraham Quesnays (1705), Erweiterung: Carl von Gontard (1785), Umbau: Otto March (1905); Prasser, Steiger, Karl, Dumanjan (1983); Walter Grunwald (2000), Sanierung: Restaurierung am Oberbaum GmbH (2007), Bauherr: EKD Hannover, Bezirksamt Mitte

Das einzige Gebäude am Platz, dessen Nutzung ihn von Anfang an begleitet, steht pars pro toto für die Architekturgeschichte auf dem Gendarmenmarkt. Die symmetrische Bebauung nach dem Vorbild der Piazza del Popolo in Rom veranlasste König Friedrich I. im Jahr 1701. Ihre Hochrüstung besorgte dann sein Enkel Friedrich II. noch im selben Jahrhundert: Das Kirchen-Duo bekam einen ersten Kulturtempel beigestellt und die Gontard'schen Schmucktürme vorgeblendet. Gestalterische Brüche, die dabei nicht ausblieben, glättete das Kaiserreich. Was der Zweite Weltkrieg zerstört hatte, wurde zu DDR-Zeiten in den Achtzigerjahren äußerlich wiederhergestellt. Innerlich kam es jedoch zur Profanisierung: Der Französische Dom erhielt ein Lokal unter dem Kirchenraum sowie eine Aussichtsplattform im Turm. 2007 wurde der Bau erneut aufgefrischt. Hier ist nun die Französische Kirche zu Berlin, im Jahr 1672 gegründet von 150 französischen Hugenotten – ein Gotteshaus, in dem auch Konzerte stattfinden.

Deutscher Dom

E 119

Gendarmenmarkt 1–2
U Französische Straße
52.512790, 13.392366

Architekt: Martin Grünberg, Giovanni Simonetti (1708), Erweiterung: Carl von Gontard, Georg Christian Unger (1785), Umbau: Hermann von der Hude, Julius Hennicke (1882); Roland Steiger & Ingeborg Konegen, Jürgen Pleuser (1996), Bauherr: Bundestag, Bundesrepublik Deutschland

Im Deutschen Dom präsentiert seit 2002 der Bundestag seine Ausstellung zur Geschichte des Parlamentarismus hierzulande. Mit Recht, denn wie kaum ein zweites Gebäude ist der Dom trotz »Wende« weiter umgebaut worden: Entworfen von Grünberg und ausgeführt von Simonetti, bildete der ursprüngliche Grundriss ein Fünfeck, das durch fünf halbkreisförmige Konchen erweitert wurde. Die Kirche, beim Umbau im Jahr 1882 durch Hude & Hennicke auf Barock getrimmt, stand nach dem Zweiten Weltkrieg lange als Ruine. Als 1983 die Rekonstruktion begann, war bereits damals die Einrichtung einer *Kunsthalle Berlin* vorgesehen. Steiger und Konegen ersetzten bis 1990 das tragende Skelett und zogen im Turm eine Betonwendeltreppe ein. Ihr Werk vollendete Jürgen Pleuser. Der Kontrast zwischen dem erneut aufpolierten Äußeren und nacktem Mauerwerk sowie moderner Sichtbetonkonstruktion innen war in den Achtzigerjahren ein gern gewählter Kunstgriff. So wirkungsvoll wie hier ist er allerdings selten gelungen.

Hofgarten

C 120

Friedrichstraße/Behrenstraße, Charlottenstraße/Französische Straße

Architekt: Josef Paul Kleihues, Max Dudler, Müller Reimann, Jürgen Sawade, Kollhoff Timmermann (1996), Bauherr: Hofgarten Real Estate B. V., Hines Grundstücksentwicklung

Josef Paul Kleihues konzipierte für den Großblock *Quartier 208* eine Blockrandbebauung als Baukastensystem, dessen Einzelgrundstücke um einen gemeinschaftlich genutzten Garten gruppiert und durch eine gemeinsame Tiefgarage miteinander verbunden sind. Die vorhandenen historischen Bauten wurden integriert. Jedes der Häuser besitzt einen eigenen Eingang und eine eigene Adresse.

Galeries Lafayette ≽

C 121

Friedrichstraße 75
U Französische Straße
52.513937, 13.389454

Architekt: Jean Nouvel (1996), Bauherr: Euro Projektentwicklungs GmbH

Im Berliner Architekturstreit der Neunzigerjahre war der Franzose Jean Nouvel ein Antipode: Während seine Kollegen mit Stein oder Glas gestalteten, strebte er nach Entmaterialisierung. Ausgerechnet für ein Warenhaus entwarf er einen glatten Glaskristall, der nur durch das Traufgesims Kontur gewinnt. Die Scheiben sind groß und glatt. Lediglich Lamellen verraten, dass sich an der Jägerstraße die vorgeschriebenen Wohnungen stapeln. Wie die ebenso brüstungslosen Büros werden sie über Edelstahl-Schleusen erreicht. Den Eingang zum Kaufhaus markiert eine Medientafel. Drucke und Dachschwünge deuten an, dass zwölf Lichtkegel das Gebäude durchstoßen. Der größte ist mit holografischen Spiegeln ausgekleidet – eine Attraktion für die gesamte Friedrichstraße. Die Delikatessenabteilung im Keller bildet einen beliebten Anziehungspunkt.

Quartier 206 C 122

Friedrichstraße 71–74
U Französische Straße
52.513490, 13.389557

Architekt: Pei, Cobb, Freed & Partner (1996), Bauherr: Jagdfeld Friedrichstadt-Passagen Quartier 206 Vermögensverwaltung

Angesichts des enormen Baudrucks fand 1992 für das *Quartier 206* sowie für die nördlich und südlich angrenzenden Blocks das erste Berliner Investorenauswahlverfahren statt, das mit einem Architekturwettbewerb verknüpft wurde. Für den mittleren Abschnitt der Friedrichstadt-Passagen setzte sich Anno August Jagdfeld mit einem Konzept luxuriöser Ausstattung durch. Die amerikanischen Architekten Pei, Cobb, Freed & Partner entwarfen einen expressiven Baukörper, dessen zahllose Zacken nachts von noch mehr Lichtquadern zum Glühen gebracht werden. Im Inneren kulminiert das Formgewitter in einen Mosaikboden, dessen Schwarz-Weiß-Muster inzwischen zum Markenzeichen des *Quartiers 206* geworden ist, und gibt sich so den Anschein eines italienischen Palazzos.

Quartier 205 / Newton Bar E 123

Charlottenstraße/Friedrichstraße
U Französische Straße
52.513003, 13.391341

Architekt: Oswald Mathias Ungers/Hans Kollhoff, Helga Timmermann (1996/1999), Bauherr: Tishman Speyer Berlin

Nur dieser Teil der Friedrichstadtpassagen umfasst einen kompletten Block. Also ergänzte Ungers die Nord-Süd-Durchwegung um eine weitere Durchwegung von Ost nach West. Zwischen Gendarmenmarkt und Boulevard kann die geschickt gegliederte Kubatur mit sechs Würfeln auf dem Dach durchaus bestehen. Das immer gleiche Quadrat scheint hier im wahrsten Sinn des Wortes »am Platz«. Allein vom Gendarmenmarkt aus wird die Höhe des Blocks, der über die anderen Gebäude ragt, als störend empfunden. Die *Newton Bar* im *Quartier 205* soll ein ganz »selbstverständlicher« Ort sein, weder futuristisch noch historisch. Ein langer Spiegel über den Sitzbänken sowie die speziell für die Bar geschaffene Fotoserie von Helmut Newton mildern die unvorteilhafte Winkligkeit des Raums.

Kontorhaus Mitte C 124

Friedrichstraße 185–189,
Kronenstraße 60–65,
Mohrenstraße 13–14

Architekt: Josef Paul Kleihues, Klaus Theo Brenner, Vittorio Magnago Lampugnani, Marlene Dörrie, Walter Stepp (1997), Bauherr: Kontorhaus Friedrichstraße Investitionsgesellschaft/Agenta/Hanseatica

Dieses Projekt markierte die Wende von der blockweisen Bebauung von Großgrundstücken zurück zur Parzellenstruktur. Allerdings handelt es sich hier um mehr oder weniger unterschiedliche Fassaden. Die Tragkonstruktion läuft durch das Gebäude; im Innenhof ahnt man kaum, dass hier fünf Architekten gearbeitet haben. Seither hat es zunehmend Versuche gegeben, die historische Parzellenstruktur wiederaufzunehmen und einzelne Häuser mit eigenen Adressen zu errichten. Kleihues realisierte die Tiefgarage, das Ship-Shape-Entree an der Friedrichstraße, das Boardinghouse, die quadratische Glashalle und die schottenartigen Treppenhäuser, die die Häuser der anderen Architekten abgrenzen.

Landesvertretung Hamburg C 125

Jägerstraße 1–3/Mauerstraße 24
U Französische Straße
52.513510, 13.385723

Architekt: Kayser & von Großheim, Umbau: Dinse, Feest und Zurl (2000), Bauherr: Freie und Hansestadt Hamburg

Wo einst der *Club von Berlin* residierte, sitzt heute die Landesvertretung der Hanseaten. Mit seinen repräsentativen Sälen und Salons sowie den Kegelbahnen im Kellergeschoss entsprach der denkmalgeschützte Bau den Hamburger Wünschen. Prunkstück ist das Treppenhaus mit breiten Marmorstufen und schmiedeeisernem Geländer.

Schleiermacher-Häuser C 126

Taubenstraße 3/Glinkastraße 16
U Französische Straße
52.512725, 13.386760

Architekt: Titus de Favre, J. K. Stoltze (1739), Sanierung: Restaurierung am Oberbaum (2005), Bauherr: Erzbistum Berlin

Schleiermacher-Häuser? Hier täuscht der Sprachgebrauch: Der Philosoph und Theologe wohnte 1809–1816 in dem dritten Gebäude des Komplexes, das im Zweiten Weltkrieg zerstört wurde. Als letztes Zeugnis vermittelt das verbliebene Doppel, wie die Friedrichstadt ursprünglich aussah. Titus de Favre entwarf die Würfel mit Mansarddach für den reformierten beziehungsweise den lutheranischen Pfarrer der Dreifaltigkeitskirche. Der Ecktrakt für Küster und Schule dient heute der Französischen Friedrichstadtkirche als Gemeindehaus.

Geschäftshäuser C 127

Leipziger Straße 126–128
S U Potsdamer Platz
52.509943, 13.382452

Architekt: Patzschke & Partner, Grüntuch Ernst (2007), Bauherr: apellas bauwert

Bei diesen drei Geschäftshäusern handelt es sich um die ersten Neubauten auf dem sogenannten Wertheim-Areal, wo Alfred Messel 1896–1906 sein legendäres, architektonisch wegweisendes Kaufhaus realisiert hatte. Eine stilgleiche Erweiterung erbaute sechs Jahre später sein Schüler Heinrich Schweitzer an der Leipziger Straße 126–130. Im Zweiten Weltkrieg schwerstbeschädigt, verblieb zu DDR-Zeiten ein leerer Grenzstreifen. Nach 1990 verzögerten Restitutionsansprüche die Entwicklung. Nach der Rückübertragung an die Wertheim-Erben wurde das Großgrundstück in Parzellen unterteilt, die 2006 neue Besitzer fanden. Der Projektentwickler apellas bauwert beauftragte zwei grundverschiedene Architektenteams: Das allgemein als hypermodern bezeichnete Büro des Architektenpaars Armand Grüntuch und Almut Ernst sowie die Neotraditionalisten Patzschke & Partner. So haben beide Baubereiche heute nur Straßenkubatur und Nutzungsschichtung miteinander gemein.

Landesvertretung Thüringen C 128

Mauerstraße 54/55, 64
S U Potsdamer Platz
52.512165, 13.385574

Architekt: Worschech & Partner (1999), Bauherr: Freistaat Thüringen

Das Kulturland war mit seiner Hauptstadtvertretung schneller als die meisten anderen deutschen Bundesländer, denn es besaß in Berlin noch diesen Bauplatz, auf dem bis zum Zweiten Weltkrieg das *Haus Thüringen* gestanden hatte. Die landschaftliche Prägung unterstreicht der neue Bau mit einer gestreiften Granit-/Travertinfassade sowie mit einer Eiche im Hof.

Bundesrat

C 129

Leipziger Straße 3–4
S U Potsdamer Platz
52.509702, 13.381242

Architekt: Friedrich Schulze-Colditz (1904), Umbau: Schweger & Partner (2000), Bauherr: Bundesamt für Bauwesen und Raumordnung

Als sich der Bundesrat Ende 1996 zum Umzug durchringen konnte, kam der ursprünglich vorgesehene Neubau im Spreebogen aus Kostengründen schon nicht mehr in Betracht. Stattdessen wurde Sitz im nördlichen Teil des preußischen (Doppelkammer-) Parlaments genommen, dem *Herrenhaus* – ein passenderes Gebäude hätte sich wohl schwerlich finden lassen. Äußerlich bekam der im Stil des Reichstags entworfene Prachtbau seinen Glanz zurück, während das Interieur heute weißer denn je erscheint. Peter Schweger konzentrierte sich vor allem auf den neuen Saal, der die deutschen Länder heute homogener behaust als der Bonner Bundesrat. Ausgangspunkt der Planung für das Gebäude war eine umfassende denkmalpflegerische Bestandsaufnahme; das Umbauziel bestand in der Wiedergewinnung der historischen Raumfolgen unter Berücksichtigung einer zeitgemäßen Architektur, die den veränderten Bedürfnissen Rechnung trägt.

Bundesministerium für Ernährung, Landwirtschaft und Verbraucherschutz

C 130

Französische Straße 1

Neubau: Anderhalten Architekten (2010), Bauherr: Bundesamt für Bauwesen und Raumordnung Berlin

2005 hatten die Arbeiten am Erweiterungsgebäude und an der Herrichtung des Altbaus (Carl Vohl, 1899) des Ministeriums begonnen. Alt und Neu wurden in einem schwellenlosen Übergang miteinander verschmolzen. Äußerlich unterscheidet sich der Neubau jedoch deutlich vom Bestehenden. Schwungvoll fließen die Fassadenbänder in der geknickten grauen Natursteinfassade entlang der Französischen Straße. Das energetische Konzept (nachwachsende Rohstoffe, Lehmputz, kerntemperierte Decken) steht für einen zeitgemäßen, zukunftsweisenden Umgang mit Energie.

Mauer-Spuren C 131

Niederkirchnerstraße
S U *Potsdamer Platz*
52.507121, 13.384086

Im Bereich zwischen Reichstagsgebäude und *Checkpoint Charlie* spielte sich stets der meiste Mauertourismus ab. Bis heute erhalten geblieben ist die DDR-Befestigung vom Typ *Grenzmauer 75*, die das Bild der deutschen Teilung maßgeblich geprägt hat, nur in der Niederkirchnerstraße. Auf dem südlichen Bordstein, vis-à-vis der Hausnummern 8–10, steht der drittlängste Mauerrest Berlins. Von »Mauerspechten« bis auf die Armierung angegriffen, wurden die knapp 200 Meter 1990 unter Denkmalschutz gestellt und durch einen Zaun gesichert. Das Ende dieser absurden Situation war erst nach der Jahrtausendwende möglich, nachdem die Parole »Die Mauer muss weg« an Schlagkraft verloren hatte. Im weiteren Straßenverlauf sind verschiedene Versuche zu sehen, die einstige Scheidelinie im Boden zu markieren: Nachdem 1993 Kupferband oder rote und blaue Farbe (für Grenz- beziehungsweise Hinterlandmauer) ausprobiert wurden, hat sich inzwischen innerstädtisch die Doppelreihe Kopfsteinpflaster durchgesetzt. Der Mauerweg um ganz Berlin herum, den die GrünBerlin GmbH ab 2003 beschilderte, wird hier durch zwei Infostelen sowie einen Mauer-Guide-Kiosk ergänzt. Damit ist die Geschichtsmeile Niederkirchnerstraße in das Gesamtkonzept Berliner Mauer bestens eingebunden.

Berliner Abgeordnetenhaus « ♿ C 132

Niederkirchnerstraße 5
Ⓢ Ⓤ Potsdamer Platz
52.507513, 13.381667

Architekt: Friedrich Schulze (1899), Umbau: Ernst Sagebiel (1937); Jan & Rolf Rave, Marina Stankovic, Walter Krüger (1993), Bauherr: Land Berlin

Das Berliner Abgeordnetenhaus tagt im ehemaligen Preußischen Landtag, dessen Gebäude zusammen mit dem Herrenhaus errichtet wurde. Gemäß der damaligen Verfassung spielte das gewählte Parlament gegenüber dem ernannten Rat eine untergeordnete Rolle, weshalb der Baubeamte Friedrich Schulze beim Landtag sowohl auf den Ehrenhof wie auf das Giebelportal verzichtete. Hermann Göring ließ das Neorenaissance-Werk 1937 zum *Haus der Flieger* umbauen, wobei die Haupträume zu »Feststätten« avancierten. Bei der jüngsten Veränderung wurden die Foyers zurückgebaut, während alle Versammlungssäle modernistische Interieurs bekamen. Den strengen Vorplatz mit den keilförmigen Eibenbeeten sowie den Garten zwischen beiden Parlamenten gestaltete Regina Poly. Doch wurde bei den Außenanlagen weder historisiert noch rekonstruiert. Die Neuinterpretation wird den aktuellen und möglichen zukünftigen Funktionen des Abgeordnetenhauses gerecht. Der Vorplatz soll zum einen den traditionellen »Palazzo im Garten« zur Geltung bringen und zum anderen eine neue Beziehung zwischen beiden Solitären herstellen, die durch die Mauer jahrzehntelang voneinander getrennt gewesen waren.

Bundesfinanzministerium » C 133

Wilhelmstraße 97
Ⓢ Ⓤ Potsdamer Platz
52.508804, 13.384621

Architekt: Ernst Sagebiel (1937), Sanierung: HPP International (2000), Landschaftsarchitekt: Regina Poly (2001), Bauherr: Bundesamt für Bauwesen und Raumordnung

Über 40.000 Quadratmeter Muschelkalk, 6,8 Kilometer Flur sowie 2.000 Büros zählte das Reichsluftfahrtministerium. Der erste Regierungsbau der Nazis markierte den Stellenwert, den die Fliegerei damals hatte. Im Kleinen Festsaal dirigierte Hermann Göring einst »Bomben gegen Engelland«, im Großen Festsaal wurde später, 1949, die Verfassung der DDR beschlossen und dann die ostdeutsche Planwirtschaft aus diesem Gebäude gesteuert. Kurz nach der deutschen Wiedervereinigung residierten hier das Bundesministerium der Finanzen und der Bundesrechnungshof mit ihren Außenstellen. 1991–1996 hatte überdies die Treuhandanstalt ihren Sitz in dem Haus. Zu Beginn der Neunzigerjahre sollte es abgerissen werden – politisch kontaminiert und statisch eigentlich nicht mehr haltbar. Im Dienste des Finanzministeriums beschränkten sich Hentrich, Petschnigg & Partner im Wesentlichen auf die Aufhellung des zuletzt sehr düsteren Baus. An der Leipziger Straße erinnert seit dem Jahr 2000 ein Denkmal des Künstlers Wolfgang Rüppel an den 17. Juni 1953. Mit Rasen, sparsamen Baumpflanzungen und den Höfen entnommenen Bruchsteinen inszenierte Regina Poly einen Trümmergarten um die gläserne Cafeteria.

MACHT
ZIEL
PC
WORT
RAUM
TELE
BILD
WERT
TOUCH
TALK
BLICK
GESTE

Museum für Kommunikation

C 134

Leipziger Straße 16,
Mauerstraße 69–75
Potsdamer Platz

Architekt: Carl Schwatlo (1872), Erweiterung: Ernst Hake, Heinrich Techow, Franz Ahrens (1898), Umbau: K. H. Ehlert, S. Alexander, H. Gessner (1963), Sanierung: Klaus Niebergall (1990), Carsten Henze & Heiko Vahjen (1999), Bauherr: Museumsstiftung Post und Telekommunikation

Mit der nationalen Post entstand kurz nach 1871 auch das welterste Museum ihrer Tätigkeiten. Beides vereinte sich in Carl Schwatlos Generalpostamt an der Leipziger Straße, von dem heute nur noch ein Hof erhalten ist. Die Erweiterung von 1898 machte den Neorenaissancebau zum mächtigen Eckkomplex. Ab 1958 wurden die Zerstörungen des Zweiten Weltkriegs intern modern und außen behelfsmäßig korrigiert. Henze & Vahjen vollendeten ab 1992 die Jahre zuvor von Klaus Niebergall begonnene Rekonstruktion, fügten moderne Ausstellungsräume hinzu und gaben dem Lichthof seine wilhelminische Pracht zurück. Das Design der Dauerausstellung stammt von HG Merz.

E-Werk

C 135

Mauerstraße 78–80
Potsdamer Platz
52.509280, 13.388199

Umbau: Hans Heinrich Müller (1928), HSH Hoyer, Schindele, Hirschmüller & Partner (2004), Bauherr: SPM Real Estate

An der Nordflanke steht das älteste Bauzeugnis der Deutschen Elektrizitätswirtschaft. Entstanden ist es 1886 als Blockkraftwerk. Bewag-Architekt Hans Heinrich Müller baute den Hofkomplex später zum Abspannwerk um. Das umgedrehte Tortenstück der Warte machte das Ensemble zur Ikone expressionistischer Architektur. Im Zweiten Weltkrieg wurde das Areal des Umspannwerks schwer beschädigt, gegen Kriegsende lag es innerhalb der letzten Verteidigungslinie der Wehrmacht. Nach 1945 fand zwar ein Wiederaufbau statt, die volle Leistungsfähigkeit wurde jedoch nicht mehr erreicht. 1973 wurden wesentliche Anlagen zur Stromversorgung endgültig abgeschaltet – das E-Werk verlor seine ursprüngliche Funktion. Ab 1988 machte das Haus als Techno-Club Furore und wurde weltbekannt. Dieser Club existierte bis 1997. 1994–1996 fanden hier erstmals Ausstellungen zur Techno-Kunst statt. 2004 wurden die Hallen für SPM Technologies denkmalgerecht saniert. Ihre Obergeschosse und die Warte erhielten Öffnungen und Büroeinheiten.

Familienministerium

C 136

Taubenstraße, Glinkastraße, Jägerstraße
Mohrenstraße

Architekt: Schweger & Partner (2010), Bauherr: Bundesamt für Bauwesen und Raumordnung

Für das Bundesministerium für Familie, Senioren, Frauen und Jugend sind seit 2010 die Provisorien beendet: Anstelle von Plattenwohnungen ist an der Glinkastraße ein neuer Komplex entstanden, der rückwärtig fünf Baudenkmäler der Kaiser- bis Nazizeit erschließt. Die Verteilerspange teilt zwei allgemein zugängliche Höfe ab: Der steinerne im Norden dient als Entree; der offenere, begrünte und verglaste im Süden als repräsentativer Ruheraum.

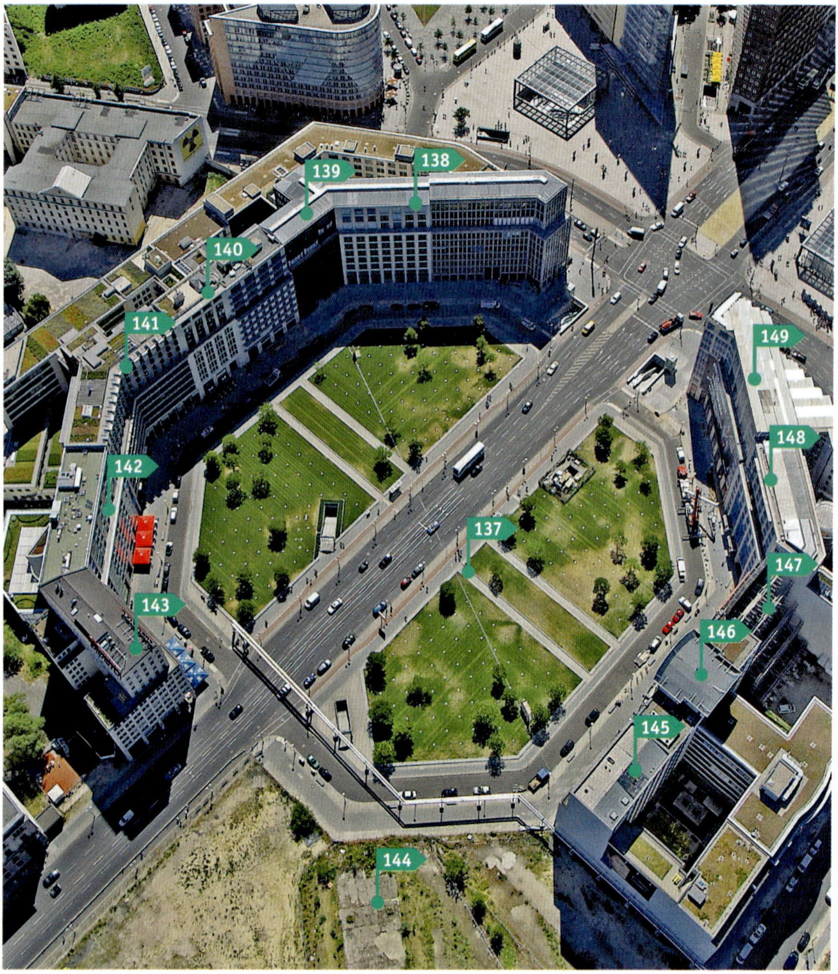

Leipziger Platz Masterplan

Potsdamer Platz
52.509676, 13.378391

Das Oktogon entstand 1734–1738, geplant von Oberbaudirektor Johann Philipp Gerlach im Rahmen der Erweiterung der Friedrich- und Dorotheenstadt. Nach Pariser Vorbild angelegt, war das Achteck einer der drei Empfangsplätze der Friedrichstadt. Im Zweiten Weltkrieg zerstört und nach 1961 in das Niemandsland der Berliner Mauer geraten, existierte der Schmuckplatz lange Jahre nurmehr in Form der Bordsteine. Zu DDR-Zeiten, Ende der Achtzigerjahre, war im Rahmen der Neukonzeption für die nördliche Friedrichstadt eine Überbauung geplant, 1989 war der erste Plattenbau im Rohbau fertig. Er wurde wieder abgerissen, da als Ergebnis des durch das Land Berlin gemeinsam mit Investoren durchgeführten Städtebaulichen Wettbewerbs 1991 der Leipziger Platz in seiner historischen Kontur und Parzellenstruktur wiederentstehen sollte. Die neuen Einzelbauten sollten der achteckigen Platzstruktur untergeordnet werden und so trotz kleinteiliger Gliederung ein einheitliches Ganzes schaffen. Strenge Gestaltungsregeln wurden dafür erlassen. Die einheitliche Traufhöhe wurde auf 22 Meter festgelegt. Allerdings stockte man die Firsthöhe der neuen Gebäude von 30 auf 35 Meter auf. Besonderer Wert wurde auf eine Funktionsmischung gelegt – Ladenlokale im zweigeschossigen Sockel, darüber Büros sowie Wohnungen in den Staffelgeschossen. Für viele der Objekte wurden Wettbewerbe durchgeführt, an denen Architekten aus der ganzen Welt beteiligt waren. Auch wenn er noch Lücken hat, ist der Leipziger Platz nun wieder nach dem Pariser Platz Berlins »Gute Stube Nr. 2«.

Platzgestaltung Leipziger Platz C 137
Architekt: Peter Joseph Lenné (1840)
Neubau: Langenbach /Ivancsics (2002)
Bauherr: Land Berlin

Wohn- und Geschäftshäuser C 138
Leipziger Platz 1–3
Architekt: Thomas Müller Ivan Reimann Architekten (2005)
Bauherr: Württembergische Lebensversicherung/Sony

Wohn- und Geschäftshaus C 139
Leipziger Platz 7, Erna-Berger-Straße 3
Architekt: KSP Engel und Zimmermann (2003)
Bauherr: MM Management

Wohn- und Geschäftshaus C 140
Leipziger Platz 8, Erna-Berger-Straße 5
Architekt: Hilmer & Sattler und Albrecht (2003)
Bauherr: KapHag

Wohn- und Geschäftshaus C 141
Leipziger Platz 9, Erna-Berger-Straße 7
Architekt: Christoph Langhof (2002)
Bauherr: IVG/Botag

Haus Knauthe C 142
Leipziger Platz 10
Architekt: Axel Schultes (2001)
Bauherr: Karl-Heinz Knauthe

Palais am Bundesrat C 143
Leipziger Platz 11
Architekt: Walter Noebel (2000)
Bauherr: Züblin Projektentwicklung GmbH

Projekte ehemaliges Wertheim-Areal C 144
Leipziger Platz 12/13,
Leipziger Straße 131–137, Voßstraße 24–32
Architekt: nps tchoban voss Architekten/ Kleihues + Kleihues
Bauherr: TLG, ECE, Bauwert, u. a./Orco

Wohn- und Geschäftshaus C 145
Leipziger Platz 14
Architekt: Jan Kleihues (2001)
Bauherr: DG Immobilien/Pensionskasse Hoechst

Mosse-Palais C 146
Leipziger Platz 15, Voßstraße
Architekt: HDS Hans Dieter Strauch & Gallagher, Dieter W. Schneider (1997)
Bauherr: Hans Röder Verwaltungs-GmbH

Projekt Wohn- und Geschäftshaus C 147
Leipziger Platz 16
Architekt: Thomas Baumann mit Robert Beyer
Bauherr: Automobilclub von Deutschland

Botschaft von Kanada C 148
Leipziger Platz 17
Architekt: KGS Joint Venture Architects (2001)
Bauherr: Kanada Haus GmbH

Projekt Wohn- und Geschäftshaus C 149
Leipziger Platz 18/19
Architekt: Rave Architekten
Bauherr: Deutsches Reisebüro

Potsdamer Platz Masterplan C 150

S U *Potsdamer Platz*
52.509413, 13.375534

Wettbewerb: Hilmer & Sattler (1991), Auftraggeber: Land Berlin

In den Zwanzigerjahren des 20. Jahrhunderts galt der Potsdamer Platz als verkehrsreichste Kreuzung Europas. Nach starker Zerstörung im Zweiten Weltkrieg wurde er, im Mauerstreifen gelegen, abgeräumt und verkam in den Jahren der Teilung zu einem Feld weiter Ödnis. Noch vor dem Mauerfall beschloss Edzard Reuter, Sohn des ersten Berliner Nachkriegsbürgermeisters Ernst Reuter, hier die Debis-Zentrale zu errichten. Reuter selbst erinnert sich: »Es war wohl im Frühsommer 1989. In Berlin regierte eine rot-grüne Koalition unter Walter Momper. Schon seit einiger Zeit hatte ich begonnen, mir Gedanken zu machen, in welcher Weise unser Konzern ein deutlich sichtbares Zeichen der Zuversicht in die wirtschaftliche und politische Zukunft der Stadt setzen könnte. Als ideale Lösung schwebte mir vor, gewisse Leitungsfunktionen des Konzerns nach Berlin zu verlegen. Gemeinsam mit Peter-Hans Keilbach, der inzwischen das Werk in Marienfelde leitete, machte ich mich auf die Suche nach einem geeigneten Areal. Zunächst konzentrierte sich unser Interesse auf das Lenné-Dreieck am Potsdamer Platz, bis wir uns entschlossen, eine anderweitige Möglichkeit am Potsdamer Platz zur Diskussion zu stellen, ...« (Edzard Reuter: *Schein und Wirklichkeit. Erinnerungen*, 1998, S. 289) Die Grundstückskaufverhandlungen und Planungen waren in vollem Gange, als sich die Mauer öffnete. Plötzlich war der Ort wieder mitten in der Stadt Berlin. Heiß umstritten war im städtebaulichen Wettbewerb von 1991 die Vision für die Entwicklung des Viertels. Letztlich setzten sich die Architekten Hilmer & Sattler mit ihrem Entwurf durch, der sich am historischen Stadtgrundriss orientierte. »Nicht das weltweit verwendete amerikanische Stadtmodell der Hochhausagglomeration, sondern die Vorstellung von der kompakten, räumlich komplexen europäischen Stadt liegt dem Entwurf zugrunde«, lautet der erste Satz in ihrem Erläuterungstext zum Wettbewerbsbeitrag. Plätze und Straßen sollten wiederentstehen; Baublöcke und Parks, Geschäfte, Theater, Büros und Wohnungen für ein lebendiges Viertel sorgen. Keine zehn Jahre später war – allen Skeptikern zum Trotz – genau dieser belebte Stadtplatz in der Mitte von Berlin entstanden. Heute ist das Areal rund um den Potsdamer Platz für seine zeitgenössische Architektur weithin berühmt. Hier präsentieren sich weltbekannte Architekten mit ihren Bauwerken: Renzo Piano, Helmut Jahn, Giorgio Grassi, Arata Isozaki, Richard Rogers und José Rafael Moneo – um nur einige zu nennen.

Lenné-Dreieck/ Beisheim Center

C 151

S U *Potsdamer Platz*
52.511101, 13.375642

Leitplanung: Hilmer & Sattler und Albrecht (2004), Landschaftsarchitekt: Thomanek und Duquesnoy (2004), Bauherr: IMMAGO AG

1991 hatten Hilmer & Sattler den Masterplan für das gesamte Areal des Potsdamer Platzes entworfen, doch erst 2004 war mit der Fertigstellung des Beisheim Centers die Bebauung abgeschlossen. Für den gesamten Bereich waren die Traufhöhe, die Lage der fünf Hochhäuser, die Straßenführung, die Blockbildung und die Straßenbreite vorgegeben; es sollten Plätze, Straßen und Gassen entstehen. Neben Hilmer & Sattler und Albrecht waren drei weitere Architekten (Bernd Albers, David Chipperfield, Modersohn & Freiesleben) mit der Planung und Realisierung der fünf Gebäude beauftragt. Das Gebäudeensemble ist durch klare Formen und moderne Sachlichkeit – Stein statt Stahl und Glas – geprägt und kehrt damit zu den Wurzeln moderner Stadtarchitektur zurück. Nach dem Konzept der »verdichteten Stadt« sind die Gebäude um den neu geschaffenen öffentlichen Inge-Beisheim-Platz mit der Skulptur *Phoenix* des israelischen Künstlers Gidon Graetz gruppiert. Die Landschaftsarchitekten Thomanek und Duquesnoy waren assoziiert beteiligt.

Beisheim Center – The Ritz-Carlton, Berlin und Tower Apartments

C 152

Potsdamer Platz 3–4
Architekt: Hilmer & Sattler und Albrecht (2004)
Bauherr: IMMAGO AG, Immago Real AG

Bankhaus Delbrück

C 153

Potsdamer Platz 5, Ebertstraße 4
Architekt: Kollhoff und Timmermann (2003)
Bauherr: Bellevue Immobilien AG

Beisheim Center – Berlin Marriott Hotel

C 154

Inge-Beisheim-Platz 1
Architekt: Bernd Albers (2004)
Bauherr: IMMAGO AG, Immago Real AG

Beisheim Center – Bürogebäude Berliner Freiheit

C 155

Berliner Freiheit 2
Architekt: Hilmer & Sattler und Albrecht (2004)
Bauherr: IMMAGO AG, Immago Real AG

Beisheim Center – Parkside Apartments

C 156

Am Park 4
Architekt: David Chipperfield Architects (2004)
Bauherr: IMMAGO AG, Immago Real AG

Henriette-Herz-Park ≈

C 157

Am Potsdamer Platz
S U Potsdamer Platz
52.510888, 13.373657

Architekt: DS landschapsarchitecten, Shlomo Koren (2002), Bauherr: Bezirksamt Mitte

Vom Tiergarten bis zum Gleisdreieck wird sich in Zukunft ein grünes Band durch die Areale rund um den Potsdamer Platz ziehen. Den nördlichen Auftakt bildet der Henriette-Herz-Park auf dem Areal des Lenné-Dreiecks, westlich des Beisheim Centers. Gemeinsam mit dem Künstler Shlomo Koren entwarf das Büro DS landschapsarchitecten aus Amsterdam für das dreieckige Grundstück eine sich zur Mitte erhöhende und in vier tektonische Platten zerspringende Grünfläche. Die Platten symbolisieren die »aufbrechende Erde«. In die Erhöhungen sind querende Wege gleichsam eingeschnitten, roter finnischer Granit fasst die Rasenflächen ein. Das Farbenspiel des rötlichen Steins mit dem Grün des Rasens wird im Frühjahr durch eine Bepflanzung blühender Scilla ergänzt und kann von den unter den Bäumen platzierten Bänken aus betrachtet werden. Der kleine Park ist das Verbindungsstück zwischen dem neuen, hoch und dicht bebauten Gebiet rund um den Potsdamer Platz und dem ruhevollen historischen Landschaftspark Tiergarten, der sich unmittelbar anschließt. Er will keine Benutzungsformen vorschreiben, sondern als freier Raum im wahrsten Sinne des Wortes verstanden sein.

Sony Center/Masterplan »

C 158

Potsdamer Platz
S U Potsdamer Platz
52.509647, 13.373891

Architekt: Murphy/Jahn (1992), Bauherr: Sony

Nach dem Zweiten Weltkrieg war auf dem heutigen Sony-Areal am Potsdamer Platz lediglich ein Überrest des ehemaligen Grandhotels *Esplanade* (Otto Rehninger, 1908) erhalten. Für die Umsetzung des Neubaukonzepts musste der unter Denkmalschutz stehende *Kaisersaal* um 75 Meter verschoben werden. Unter hohem technischem Aufwand erfolgte im Jahr 1996 die Translokation des 1.300 Tonnen schweren Saals auf Luftkissen. Der an dieser Stelle nach den Entwürfen von Helmut Jahn entstandene Sony-Komplex weicht als einziges Ensemble wesentlich vom städtebaulichen Rahmenplan des Büros Hilmer & Sattler ab.

Die Politik gab dem statt. Zur Herausbildung einer einheitlichen Gestalt sind die einzelnen Gebäudeteile um ein überdachtes Forum, das öffentliche und intensiv für Veranstaltungen jeglicher Art genutzte Zentrum des Areals, gruppiert. Die Einzelbauten prägt eine einheitliche Fassadengestalt aus Stahl und Glas, hinter denen sich die verschiedenen Funktionen verbergen. Ihre Bauhöhe ist von den ursprünglich vorgesehenen 35 Metern auf 39 Meter heraufgesetzt worden. Berliner und Besucher lassen sich hier begeistern von aufregender Architektur, vielfältiger Gastronomie und einem hochkarätigen Kultur- und Eventangebot. Markantes Zeichen des Sony Centers ist, neben der prägenden Dachkonstruktion des Forums, der das Sony-Areal zum Potsdamer Platz hin einleitende 130 Meter hohe Sony-Turm.

Hotel Esplanade, 1993

Hotel Esplanade im Sony Center 2003

Daimler-City Masterplan

C 159

Ⓢ Ⓤ *Potsdamer Platz*
52.508300, 13.374099

Bauherr: DaimlerChrysler AG (ehem. Debis)

Das Debis-Areal des heutigen Daimler-Konzerns am Potsdamer Platz umfasst die größte Fläche der hier neu entstandenen Komplexe. Der von Hilmer & Sattler stammende Rahmenplan lag einem anschließenden Realisierungswettbewerb zugrunde, den Renzo Piano und Christoph Kohlbecker für sich entscheiden konnten. Mittelpunkt des Areals ist der Marlene-Dietrich-Platz als städtische Piazza. Hotels, Spielbank, Musicaltheater, Büros und Wohnungen stellen eine durchmischte Nutzung des Gebiets dar, das von sechs Architekturbüros (Hans Kollhoff, Lauber + Wöhr, José Rafael Moneo, Richard Rogers, Renzo Piano und Arata Isozaki) realisiert wurde. Die vier Bauabschnitte mit insgesamt 18 Gebäuden wurden 1994–1998 fertiggestellt. Auch in diesem Komplex gab es Änderungen am ursprünglichen Masterplan. So wurde ein Teil des geplanten öffentlichen Straßenraums durch eine Ladenpassage überbaut und damit die übersichtlich konzipierte Blockstruktur verunklart. Den nördlichen Auftakt des Areals bildet das repräsentative 27-geschossige Bürohochhaus am Potsdamer Platz 1. Der hier verwendete rötliche Klinker, verbunden mit Fenstern und Türen aus Baubronze, hebt sich deutlich von der sonst einheitlichen Terrakottaverkleidung innerhalb des Areals ab. Das einzige Gebäude aus der Zeit vor dem Zweiten Weltkrieg ist das als Stahlskelettkonstruktion ausgeführte Weinhaus Huth aus dem Jahr 1912. **Besonders spektakulär war die Errichtung des kugelförmigen Theaterbaus am Marlene-Dietrich-Platz 4: Im August 1997 wurde ein riesiger »Luftballon« von 35 Metern Durchmesser aufgeblasen und anschließend innen mit einer drei Zentimeter dicken Schicht Beton ausgespritzt. Danach wurden – wie bei einem Iglu – 20 anderthalb Meter hohe Betonringe übereinander geschichtet, bis die Kuppel geschlossen war. Sowohl die Baukontur als auch die Fassade des Zwei-Rang-Musicaltheaters mit 1.800 Sitzplätzen am Marlene-Dietrich-Platz 1 vermittelt zwischen Daimler-City und dem benachbarten Kulturforum mit dem Ensemble aus Philharmonie, Neuer Nationalgalerie, Gemäldegalerie und Staatsbibliothek.**

Bürogebäude C 160
Potsdamer Platz 1
Architekt: Hans Kollhoff mit Jasper Jochimsen (1999)

Büro- und Geschäftshaus C 161
Potsdamer Platz 11
Architekt: Renzo Piano, Christoph Kohlbecker (1998)

Weinhaus Huth C 162
Alte Potsdamer Straße 5
Architekt: Heidenreich und Michel (1912)
Sanierung: Christine Kreplin, Hubertus Duwensee (1999)

Bürogebäude C 163
Linkstraße 2, 4, 6
Architekt: Richard Rogers (1998)

Potsdamer Platz Arkaden / Wohn- und Geschäftshaus C 164
Alte Potsdamer Straße
Architekt: Piano / Kohlbecker (1998)

Debis-Hauptverwaltung C 165
Eichhornstraße 5
Architekt: Renzo Piano, Christoph Kohlbecker (1997)

Musicaltheater und Spielbank C 166
Marlene-Dietrich-Platz 1
Architekt: Renzo Piano, Christoph Kohlbecker (1998)

Marlene-Dietrich-Platz C 167
Architekt: Heinz und Jahnen, Renzo Piano (1998)

Hotel Grand Hyatt Berlin / Bürogebäude C 168
Marlene-Dietrich-Platz 2, Potsdamer Straße 7
Architekt: José Rafael Moneo (1998)
Innenarchitekt: Hannes Wettstein (1998)

Kinocenter mit Boardinghouse / Wohngebäude C 169
Potsdamer Straße 3–5, Voxstraße 1–3
Architekt: Lauber + Wöhr (1999)

Tilla-Durieux-Park

C 170

S U Potsdamer Platz
52.507154, 13.375480

Architekt: DS landschapsarchitecten (2003), Bauherr: Land Berlin

1995 wurde ein internationaler Wettbewerb für die Gestaltung von zwei Parks am Potsdamer Platz ausgeschrieben. Prämiert wurde der umstrittene Entwurf des Amsterdamer Büros DS landschapsarchitecten. Über dem Bahntunnel verbindet die Anlage das Gleisdreieck mit dem Potsdamer Platz. Eine einzige großzügige Form bestimmt das Bild des 2,5 Hektar großen Raums: Es ist eine um ihre eigene Achse gedrehte Gras-Skulptur. Auf einer Länge von 450 Metern neigt sich die Rasenfläche und bildet eine Böschung von bis zu 35 Grad. Mittig befindet sich ein Einschnitt, der zugleich die Richtungsänderung der Flächenneigung markiert. Flankiert wird die lang gestreckte Parkgestalt von den für Berlin typischen Lindenbäumen. Als Symbol für Ruhe und Schlichtheit liegt der Park inmitten des städtischen Treibens am Potsdamer Platz – geprägt von Cafés mit Terrassen, Geschäften, Kinos. Der Tilla-Durieux-Park hingegen ist freier Raum. 21 Meter lange Wippen laden zum Spiel ein: Große und Kleine können – wie die Gras-Skulptur – hin- und herschaukeln. In jeder Jahreszeit vermittelt der Park mit seinem Erscheinungsbild eine andere Stimmung: zum Beispiel als schneeweiße Winterskulptur, als eine in Herbstnebel gehüllte, sich neigende Wiese oder als frischgrüne Rasenfläche im Frühling. Schlendert man die breite Promenade unter den Linden entlang, verändert sich der Charakter des Parks: von einem durch einen hohen Deich begrenzten Raum bis hin zur ausgestreckten Weite.

Energiezentrale

C 171

Stresemannstraße 122
S U Potsdamer Platz
52.507654, 13.378610

Architekt: Hilmer & Sattler und Albrecht (1998), Bauherr: Bewag

Die Energiezentrale war der erste Bau der Masterplaner des Großprojekts am Potsdamer Platz. Ihnen ist hier eine Vereinigung von Stadt- und Techniktypologien gelungen, wie sie viele Jahrzehnte lang nicht mehr geglückt war. In der Tiefe staffeln sich Vorder- und Hinterhaus auf klassische Weise. In der Breite ist der Komplex in Umspannwerk und Fernkälte-Zentrale gegliedert. Die unterschiedlichen Funktionen zeigen sich anhand weniger rotbrauner beziehungsweise dunkelblauer Metallprofile. Beide Häuser verbindet die Gliederung der Fassaden in überhöhte Quadrate sowie ihre im Wesentlichen ockerfarbene Verkleidung.

Park Kolonnaden

C 172

Potsdamer Platz, Köthener Straße, Gabriele-Tergit-Promenade, Stresemannstraße

Wettbewerb: Giorgio Grassi (1993), Bauherr: ABB/Terreno, Roland Ernst

Der aus dem 1993 ausgelobten Realisierungswettbewerb hervorgegangene Masterplan von Giorgio Grassi für ein Ensemble aus fünf Gebäuden schließt den Tilla-Durieux-Park am Potsdamer Platz nach Osten ab. Ziel war die bauliche Umsetzung des Wettbewerbsergebnisses für den Potsdamer Platz und die Durchsetzung der »Berliner Mischung« aus Wohnen und Gewerbe. Einem in seiner Rundung abgesetzten Kopfbau folgen vier Gewerbe- und Wohnhäuser.

Drei Gebäude erheben sich über einem H-förmigen Grundriss, der abschließende Bau basiert auf einer um 90 Grad gedrehten U-Form. Eine zentrale Arkade in Längsrichtung und eine gemeinsame Tiefgarage verbinden die acht- bis zwölfgeschossigen Einzelkörper der Architekten Schweger & Partner, Jürgen Sawade, Diener & Diener und Giorgio Grassi miteinander; sechs Meter breite, als »Stadtschlitze« bezeichnete Fugen trennen sie voneinander ab. Die einheitliche Traufe und die Vorgabe einer in rotem Ziegelmauerwerk gestalteten Lochfassade sorgen für das harmonische Äußere dieses Bauensembles. Zu einem unverwechselbaren Ort ist der gesamte Komplex aber auch durch die zusammenhängenden Außenanlagen mit insgesamt 25 Kiefernbäumen (landschaftsarchitektonische Gestaltung: Gustav Lange) geworden. Der heutige Betrachter kann es sich wahrscheinlich kaum vorstellen, dass an dieser Stelle, auf innerstädtischem Randgebiet an der Grenze zwischen Ost- und West-Berlin, einige Jahre zuvor noch eine der letzten alternativen Wagenburgen gestanden hatte.

Park Kolonnaden C 173
Potsdamer Platz 10
Architekt: Schweger & Partner (2000)

Park Kolonnaden C 174
Köthener Straße 2–3
Architekt: Giorgio Grassi (2000)

Park Kolonnaden C 175
Köthener Straße 4
Architekt: Jürgen Sawade (2000)

Park Kolonnaden C 176
Köthener Straße 5, Gabriele-Tergit-Promenade
Architekt: Diener & Diener (2002)

Beobachtungsturm C 177
Erna-Berger-Straße
S U *Potsdamer Platz*
52.508490, 13.379675

Umbau: Land Berlin, Bauherr: Land Berlin

Einst gab es etwa 200 Beobachtungstürme der DDR-Grenztruppen entlang der Mauer. Vom Typ BT 11 steht in Berlin nur noch der Turm an der Erna-Berger-Straße, südlich des Leipziger Platzes. Und selbst dieser befindet sich allenfalls an halb historischem Standort, er wurde nämlich wegen des Baus der Straße um acht Meter von seinem ursprünglichen Standort nach Osten versetzt. Die gesamte Baureihe basierte auf Beton-Halbzeugen aus dem Tiefbau: Den Schaft bildete eine variable Anzahl von Röhrenelementen mit zwei Meter Durchmesser. Die viermal so große Kanzel erhielt durch die acht schräg auskragenden Brüstungssegmente ein besonders grimmiges Aussehen. Das mag erklären, warum neben der »Grenzmauer 75« heute allein der BT 11 als Modellbausatz zu haben ist.

Hackesche Höfe

B 178

Rosenthaler Straße 40–41,
Sophienstraße 6
Ⓢ Hackescher Markt

Architekt: Kurt Berndt, August Endell (1907), Sanierung: Weiß & Partner (1996), Bauherr: Roland Ernst & Behne

In den Jahren 1906/1907 wurden die Grundstücke an Rosenthaler und Sophienstraße komplett neu bebaut. Auf etwa 9.000 Quadratmetern entstand hier ein Ensemble aus Wohn- und Gewerbebauten mit insgesamt acht Höfen. Dazu gehören die Wohn- und Geschäftshäuser am Hackeschen Markt und an der Sophienstraße, ein Festsaaltrakt im ersten Hof, ein Fabrikgebäude im zweiten Hof sowie fünf Wohnhöfe mit Gewerberäumen im Erdgeschoss. Die farbigen Klinkerfassaden des ersten Hofs und die Ausgestaltung der *Neumannschen Festsäle*, zweier übereinander liegender Ballsäle im Quergebäude, entwarf der Jugendstilarchitekt August Endell. Seit 1977 steht das Ensemble unter Denkmalschutz. Auch zu DDR-Zeiten prägte die historische Mischung aus Wohnen, Gewerbe und kultureller Nutzung das Quartier. 1991 wurde hier die *Gesellschaft Hackesche Höfe e. V.* gegründet, die die wesentliche Vorarbeit für die spätere behutsame Erneuerung und Revitalisierung des Areals leistete, indem sie mit kulturellen Zwischennutzungen weiteren Leerstand verhinderte sowie außerdem detailliert zur Eigentümer-, Bau-, Unternehmens- und Bewohnergeschichte forschte. Das Baudenkmal wurde durch die Unternehmensgruppe Roland Ernst & Behne umfassend instand gesetzt und modernisiert.

Wohn- und Geschäftshaus – Rote Apotheke

B 179

Rosenthaler Straße 46/47, Neue Schönhauser Straße 10

Architekt: unbekannt (1886, 1929), Sanierung: Projektentwicklung Dr. Haverkampf (1996), Bauherr: GbR C. Wartenberg + W. Euler

Dieses Eckgebäude an der Rosenthaler Straße markiert den Verlauf der einstigen Festungsanlagen, der Spandauer Bastion. Die ursprüngliche Neorenaissancefassade des Mietshauses wurde 1929 im Stil der Neuen Sachlichkeit überformt; der Bau erhielt seine markante, das Straßenbild wesentlich prägende Gestalt. Bis auf die Erstbebauung im Jahr 1758 geht die Tradition des Apothekenbetriebs im Erdgeschoss zurück. Noch heute sind in der *Roten Apotheke* wesentliche Teile der Ausstattung von 1888 erhalten, unter anderem die Ladeneinbauten und die Bemalung des Plafonds. Bis 1996 wurde das Baudenkmal, das sich vorher in einem sehr desolaten Zustand befunden hatte, umfassend denkmalgerecht instand gesetzt. In diesem Zuge erfolgte auch der Ausbau der Dachgeschosse. Die modern-elegante Fassade mit ihren charakteristischen, abwechselnd rot und gelb gefassten Putzbändern wurde erneuert, ein freigelegtes »Fenster« der Klinkerfassade von 1888 gestattet einen Einblick in die Hausgeschichte. In den Eingängen dokumentieren die restaurierten Farbfassungen die beiden wesentlichen bauzeitlichen Phasen: Im Treppenhaus an der Rosenthaler Straße wurde die Neorenaissancegestaltung, in dem an der Neuen Schönhauser Straße die Ausstattung von 1929 wiederhergestellt.

Rosenhöfe

B 180

Rosenthaler Straße 36
S Hackescher Markt
52.524498, 13.,402392

Architekt: diverse (1781/1787), Umbau: Doris und Hinrich Baller (2003), Bauherr: Berliner Gesellschaft für Haus- und Grundbesitzverwaltung Berlin Haus

Die Wohnhäuser Rosenthaler Straße 36 und 37 gehören zu den ältesten der Straße. Das dreigeschossige massive Vorderhaus der Rosenthaler Straße 36 wurde 1781 errichtet. 1881 und 1910 erfolgten Aufstockungen zum Hof und zur Straßenseite. Die elegant geschwungene Holztreppe im Inneren mit schmiedeeisernem Rokoko-Geländer gehört heute zu den letzten erhaltenen freitragenden Treppen dieser Art. Das Haus Rosenthaler Straße 37 stammt aus dem Jahr 1787. 2001–2003 wurde das Ensemble erneuert, wobei ein – ungenehmigter – Durchbruch zu den Hackeschen Höfen erfolgte. Die seitlichen Hofgebäude wurden zu Ladenzeilen ausgebaut, im mit traditionellen Techniken teilweise neu errichteten Quergebäude kamen Gewerbelofts unter. Vollkommen neu geschaffen wurden die *Rosenhöfe*.

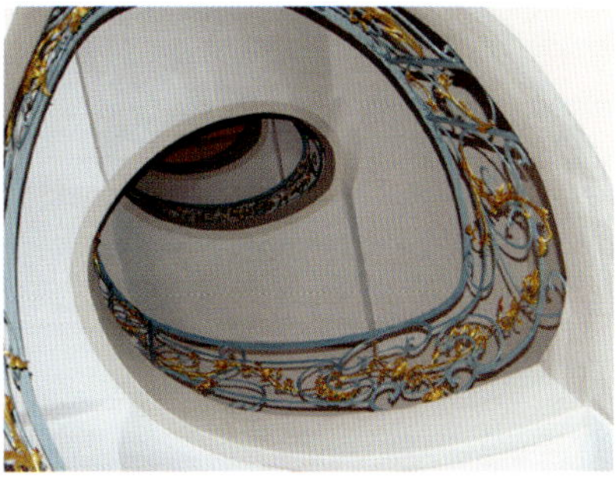

SAP-Geschäftsstelle

B 181

Rosenthaler Straße 30
U *Weinmeisterstraße*
52.526026, 13.403608

Architekt: Mark Braun Architekten (2003), Bauherr: Rosenthaler Höfe Projektentwicklungsgesellschaft mbH, Harm Müller Spreer

Die SAP-Geschäftsstelle, deren Grundstück direkt an das ehemalige Kaufhaus Wertheim von Alfred Messel (Rosenthaler Straße 28) anschließt, ist der zweite nach der Wende auf diesem Grundstück geplante Bau. Vom Entwurf der Architekten Schuwirth und Erman von 1990 wurden nur ein Wohnhaus im Hof und die heute unter dem Haus bestehende Tiefgarage neu gebaut, außerdem wurde das Wohnhaus in der Gipsstraße 17 saniert und massiv aufgestockt. Danach ruhten die Bauaktivitäten fast ein Jahrzehnt. Das heutige Gebäude ist ein flexibler siebengeschossiger Bürobau mit der Nutzungsmöglichkeit als Schulungszentrum. Er beherbergt etwa 15.500 Quadratmeter Bruttogrundrissfläche und besitzt begrünte Innenhofbereiche. Die nach außen öffnenden Fassadenelemente dienen der natürlichen Be- und Entlüftung sowie der Entrauchung des Hauses. Ein horizontal und vertikal fassendes Aluminium-Gesimsband fungiert sowohl als passiver Sonnenschutz als auch als begehbarer Reinigungsbalkon. Zudem wurde die Fassade mit einer interaktiven Kunst- und Medieninstallation (ars electronica, Linz) versehen.

Sophie-Gips-Höfe B 182

Sophienstraße 20–21, Gipsstraße 12
U *Weinmeisterstraße*
52.525791, 13.400538

Architekt: unbekannt (1863), Sanierung: Becker Gewers Kühn & Kühn (1997), Bauherr: Rolf und Erika Hoffmann

Um die Verwandlung einer früheren Fabrikanlage in einen neuen Stadtbaustein ging es bei den Sophie-Gips-Höfen. Das Nutzungskonzept verknüpft sowohl Alt und Neu als auch städtisches Arbeiten, Wohnen und Leben miteinander. Wichtiges Element ist die 2.500 Quadratmeter große private Penthouse-Galerie moderner Kunst – die *Sammlung Hoffmann*. Diese kann nach Voranmeldung von Kleingruppen besichtigt werden. Erika Hoffmann führt seit dem Tod ihres Mannes im Jahr 2001 das gemeinsame Werk allein fort, erweitert die Sammlung kontinuierlich und ändert jährlich die Konzeption. Für jeden zugänglich ist die neue Passage durch den Block mit unterschiedlichen Lichtinstallationen und künstlerischen Fassadengestaltungen. In den Gebäuden befinden sich Galerien, Restaurants, Loftwohnungen, Medienbüros und eine Radiostation. Strategie der Sanierung war, die Spuren der Geschichte im denkmalgeschützten Ensemble der drei Industriehöfe zu erhalten und um zeitgenössische und künstlerische Ergänzungen zu bereichern. Über die Höfe hinweg erstreckt sich die Penthouse-Galerie der Kunstsammler als ein Parcours stählern-gläserner Dachaufbauten, die ein beeindruckendes Panorama über die Dächer von Berlin eröffnen. Ein Neubau mit exklusiven Wohnungen und eine neue Gartenhofskulptur schließen zur Gipsstraße die Anlage ab, die ebenso wie andere Bereiche einem Konzept folgt, das mit verschiedenen Künstlern eigens für die Höfe entwickelt wurde. Die Eröffnung der Sophie-Gips-Höfe markierte nach der Sanierung der Hackeschen Höfe eine weitere Etappe im Aufwertungsprozess der Spandauer Vorstadt.

Sophiensaele B 183

Sophienstraße 18, 18a
U Weinmeisterstraße
52.525384, 13.408136

Architekt: Joseph Fraenkel, Theodor Kampffmeyer (1905), Sanierung: Klaus Roth (2003), Bauherr (Theater): Sophiensaele GmbH

Nicht alles neu baute der Berliner Handwerkerverein, als er 1905 in die Sophienstraße 18 zog: Der bestehende Mietshauskomplex erhielt lediglich eine zweischiffige Durchfahrt mit reich verziertem Blendgiebel; ebenfalls im neogotischen Backsteinstil entstand im Hof ein Saalgebäude, das unter anderem Schulungsräume, ein Restaurant mit Biergarten, eine Bibliothek und eine Kegelbahn beherbergte. Als Hort der Arbeiterbewegung wurde das Handwerkervereinshaus bald nach dem Zweiten Weltkrieg instand gesetzt und vom Maxim-Gorki-Theater als Werkstatt genutzt, bei der Sanierung der Sophienstraße in den Achtzigerjahren allerdings ausgespart. Auch nach Klärung der Restitutionsansprüche 1999 blieb es bei der Restaurierung der vorderen Wohnhäuser. Drei Jahre zuvor war der Traditionsname »Sophiensäle« wiederbelebt und der ehemalige Hochzeitssaal sowie der Große Festsaal waren langfristig verpachtet worden. Die Choreografin Sasha Waltz gründete hier die gleichnamige Spielstätte, die sich seither mit etwa 60 Produktionen sowie mehreren Festivals jährlich als ein wichtiger Ort für innovatives Theater etabliert hat. Anfangs erfolgte die Installation der dafür nötigen Bühnentechnik ganz ohne Eingriffe in den Bestand. Auch die Sanierung durch Klaus Roth (2003) blieb behutsam. Eine weitere Sanierung, finanziert aus Mitteln der *Stiftung Deutsche Klassenlotterie*, erfolgte 2011.

Wohn- und Geschäftshaus ≈ B 184

Gipsstraße 5
U Weinmeisterstraße
52.527104, 13.399741

Architekt: Kollhoff & Timmermann Architekten (2000), Bauherr: GbR Gipsstraße 5, Lothar C. Poll

Dies ist der erste Neubau von Kollhoff, der nicht wie einer aussieht. Der Grund liegt sowohl in dem weitgehend erhaltenen Ensemble Gipsstraße als auch beim Bauherrn, der bereits das Haus Gipsstraße 3 hatte sanieren lassen. Hier nun ist für die kunstsinnige Rechtsanwaltfamilie Poll eine gedrungene Putzfassade entstanden, die ein Geschoss mehr unterbringt als üblich, mit Gesimsen und Gauben aber klassisch gegliedert ist. Die drei großen Öffnungen werden durch einen minimal profilierten, flächig in Erscheinung tretenden Sockel mit schmaler Natursteinbasis gefasst.

Wohnhaus » B 185

Gipsstraße 27
U Weinmeisterstraße
52.526287, 13.402600

Architekt: unbekannt (1876), Sanierung: Johannes Penzel (1994), Bauherr: Wohnungsbaugesellschaft Berlin

Dieses Mietshaus markiert als einziges Gebäude auf der Nordseite der Gipsstraße den historischen Straßenraum zwischen August- und Joachimstraße. Nach langjährigen intensiven Auseinandersetzungen wurde das Baudenkmal mit ursprünglich vier Kleinstwohnungen nicht abgerissen, sondern erneuert. Durch den Zusammenschluss von jeweils zwei Geschossen sind zeitgemäße Wohnungen entstanden.

Wohn- und Geschäftshaus ≈ B 186

Sophienstraße 28–29
U Weinmeisterstraße
52.526487, 13.399741

Architekt: unbekannt (1842), Sanierung: Karasch & Küchler GmbH (2001), Bauherr: Dr. Eichstädt/Brühl GbR

Die Hofanlage wurde 1840–1842 mit Wohn- und Wirtschaftsgebäuden bebaut. Aus dieser Zeit stammen noch das Vorderhaus sowie das Quergebäude an der Nordseite des Hofs, ein Fachwerkbau mit Bohlendachkonstruktion. In einem langwierigen und aufwendigen Sanierungs- und Restaurierungsprozess ist es gelungen, die geschädigte Bausubstanz zu retten und die Anlage wieder nutzbar zu machen. Das erneuerte denkmalgeschützte Ensemble ermöglicht heute ein repräsentatives und ruhiges Wohnen in unmittelbarer Nähe des städtischen Anziehungspunkts Hackescher Markt.

urbane living 1 ≈ B 187

Joachimstraße 5
U Weinmeisterstraße
52.527177, 13.401173

Architekt: abcarius + burns architecture design (2001), Bauherr: GbR Joachimstr. 5

Dieser Bau ist als Prototyp metropolitanen Wohnens zu verstehen. Um ihn zu realisieren, mussten die Architekten selbst zu Bauherren werden. Alle Fassaden sind vollflächig verglast, straßenseitig liegen etagengroße Schiebelamellen davor, die sich dank ihrer feinen Profile und ihres putzfarbenen Lacks gut mit den Biedermeierbauten gegenüber vertragen. Die vier Geschosse bestehen aus einem Sichtbeton-Großraum und wirken gigantisch dimensioniert, selbst wenn sie in zwei 50-Quadratmeter-Appartements unterteilt sind. Die weiß lackierten Einbauten erscheinen so durchlässig, dass man quasi »draußen« baden kann.

Wohn- und Geschäftshaus » B 188

Gipsstraße 11
U *Weinmeisterstraße*
52.526736, 13.401064

Architekt: unbekannt (1797), Sanierung: Dipl.-Ing. Jürgen Platen (1996), Bauherr: P. Nagel, S. Jachimowicz, G. Padovicz GbR

Das 1797 errichtete Vorderhaus ist das älteste Wohngebäude in der Gipsstraße und eines der seltenen Beispiele frühklassizistischer Architektur in Berlin. Seine Fassade zeichnet sich durch ausgewogene Proportionen aus. 1872 wurde das Haus um ein Quergebäude ergänzt und das rechte, ehemals zweigeschossige Seitengebäude aufgestockt. Mit den Ladeneinbauten für eine koschere Fleischerei im Erdgeschoss um 1900 war auch eine Modernisierung des Vorderhauses verbunden. Bis in die Dreißigerjahre hatte der Synagogenverein *Mogen David* in diesem Haus seine Geschäftsstelle. Zu Beginn der Neunzigerjahre war das Baudenkmal durch langen Leerstand und abgebrochene Sanierungsversuche stark verfallen, das Dach nicht mehr vorhanden. Im Zuge einer umfassenden Restaurierung konnte auch die Fassade mit den streng stilisierten Mäanderbändern wiederhergestellt werden. Im Giebel der Hoffassade ist ein halbkreisförmiges Fenster von 1800 erhalten.

1993

1980

Mehrgenerationenhaus »

B 189

Auguststraße 51
U Rosenthaler Platz
52.527685, 13.399816

Architekt: Grüntuch Ernst (2007), Bauherr: Grundstücksgesellschaft Auguststr. 51 GbR

Fensterformate und Gebäudehöhe markieren einen Maßstabssprung am Gipsdreieck. Die sieben Eigentumseinheiten im Vorder- und Gartenhaus erstrecken sich zumeist über mehrere Etagen und verfügen über großzügige Loggien. Die Architekten, die zuvor in einem ihrer früheren Werke am Hackeschen Markt residierten, wohnen und arbeiten nun auch selbst hier.

Koppenplatz

B 190

U Rosenthaler Platz
52.528007, 13.398027

Architekt: Hermann Mächtig (1850), Landschaftsarchitekt: Eva Butzmann (1996), Denkmal: Karl Biedermann (1996), Bauherr: Bezirksamt Mitte

Die eng bebauten Grundstücke zwischen der Linien- und Auguststraße werden nördlich der Großen Hamburger Straße vom Koppenplatz unterbrochen. Hier stiftete Stadthauptmann Christian Koppe 1705 einen Armenfriedhof und ein Armenhaus, das später als Hospital umgenutzt wurde. Mit der Auflassung des Friedhofs 1853 wurde auch das Hospital abgetragen und die Große Hamburger Straße bis zur Linienstraße weitergeführt. Auf dem verbliebenen Teil der früheren Friedhofsfläche entstand der Koppenplatz, dessen Gestalt sich im Laufe der Jahrzehnte mehrmals veränderte. Die Eingänge zweier 1940/1941 angelegter Bunker wurden zwar in den Fünfzigerjahren gesprengt, aber erst ab 1995 wegen der Einsturzgefahr im Zuge der Neugestaltung endgültig beseitigt. Den 1988 ausgeschriebenen Wettbewerb für das »Denkmal für das Wirken jüdischer Bürger in Berlin, zum Gedenken an ihre Verfolgung und zur Würdigung ihres Widerstands« hatten 1989 der Bildhauer Karl Biedermann und die Gartengestalterin Eva Butzmann gewonnen. Ihr Projekt *Der verlassene Raum* wurde jedoch erst 1996 realisiert.

Alte Seifenfabrik

B 191

Torstraße 134
U Rosenthaler Platz
52.529453, 13.399904

Architekt: unbekannt (1904), Sanierung: Bernward Grützner (2000), Bauherr: Rohrlapper + Co. GmbH

Von der Entstehungszeit dieses Fabrikgebäudes (zwischen 1898 und 1904) zeugt der Rücksprung gegenüber der Straßenflucht: Die ehemalige Hinterhoffabrik wurde errichtet, als die Torstraße noch schmaler war. Das Gebäude wurde saniert und für eine Medienagentur umgebaut sowie durch ein Dachgeschoss in Stahl-Glas-Konstruktion ergänzt. Die Fassade hat eine Gestaltung in auffälligem Rot erhalten. Alt und Neu verbinden sich nun zu einer attraktiven Einheit. Der Gewölbekeller wurde für eine gastronomische Nutzung ausgebaut.

Ehemaliges Seniorenstift

B 192

Koppenplatz 11,
Linienstraße 163–165
U Rosenthaler Platz

Architekt: unbekannt (1839–1873), Sanierung: Dr. Krause Architekturbüro (2005), Bauherr: Schmeinck GmbH & Co. Koppenplatz KG

1839 wurde an der Linienstraße 165 das erste Haus der Hollmannschen Wilhelminen-Amalien-Stiftung für Witwen und ältere unverheiratete Frauen erbaut. In den folgenden gut 30 Jahren wurde die Anlage nach und nach um andere Häuser erweitert. Den Zerstörungen des Zweiten Weltkriegs fielen die vier südlichen Gebäudeachsen des Flügels am Koppenplatz zum Opfer. Noch in den Neunzigerjahren wurde der Komplex als Seniorenheim genutzt. Jeder Bewohner hatte ein 16 Quadratmeter großes Zimmer, das Wohnraum, Schlafraum und Küche zugleich war. Bad und Dusche gab es nur im Gang. Der Umbau des Gebäudes, bei dem je drei Zimmer zu einer kleinen Wohnung zusammengelegt werden sollten, kam leider nicht zustande. Schließlich wurde das Ensemble verkauft. Nun sind große Eigentumswohnungen entstanden, das Dachgeschoss wurde ausgebaut. Der denkmalgeschützte Garten im rückwärtigen Teil des Grundstücks ist nur den Bewohnern zugänglich.

Ehem. Königliches Leihamt

B 193

Linienstraße 98/Torstraße 164
U Rosenthaler Platz
52.528781, 13.396230

Architekt: unbekannt (1847), Sanierung: Richter Architekten (2000), Bauherr: John von Freyend & Krossa Immobilien GmbH

Der denkmalgeschützte Bau wurde 1847 als Königliches Leihamt erbaut. Sich von der Linien- bis zur Torstraße erstreckend, ist er ein beredtes Zeugnis der intensiven Bautätigkeit zu Beginn der Regierung Friedrich Wilhelms IV. und ein wichtiges Beispiel der fiskalischen Ziegelarchitektur jener Zeit. Noch Anfang der Neunzigerjahre in Betrieb, erschwerten die niedrigen Geschosshöhen eine Nutzung. Erst die Herausnahme einiger Deckenteile erlaubten eine moderne Bespielung. Heute sitzen hier Firmen aus der IT- und Medienbranche.

Volkshochschule Mitte

B 194

Linienstraße 162
U Rosenthaler Platz
52.528260, 13.396247

Architekt: Ludwig Hoffmann (1911), Sanierung: Bezirksamt Mitte (2000, 2005), Bauherr: Bezirksamt Mitte, Land Berlin

Dies ist ein architektonisches Kleinod! 1910/1911 wurde das Gebäude der Fach- und Fortbildungsschule nach Plänen von Stadtbaurat Ludwig Hoffmann errichtet, heute befindet sich dort die City-Volkshochschule des Bezirks Mitte. Mit der leichten Rücknahme der Bauflucht ist vor dem Gebäude eine platzartige Aufweitung entstanden, die durch die vorgelegte zweiarmige Freitreppe betont wird. Die Fassade des viergeschossigen Putzbaus mit zwei rückwärtigen Flügeln ist im neobarocken Stil gehalten. Der schlichte Fassadenschmuck stammt von dem Bildhauer Josef Rauch. Nach einer Hüllensanierung im Jahr 2000 wird seit 2005 in mehreren Etappen das Gebäudeinnere modernisiert und instand gesetzt. Architekturstudenten der Technischen Fachhochschule Berlin entwickelten, ebenfalls 2005, im Rahmen eines Projekts Gestaltungskonzepte für beide Haupteingänge des Hauses.

Clärchens Ballhaus B 195

Auguststraße 24–25
U Rosenthaler Platz
52.526663, 13.396790

Architekt: unbekannt (um 1890), Sanierung Innenräume: Hexenkessel & Strand GmbH (2005), Bauherr: Ballhaus Auguststraße GbR

Der Schwof alter Schule ist hier zu erleben, auch fast einhundert Jahre nachdem Clara Hartmann an diesem Ort *Clärchens Ballhaus* eröffnete. Der neue Betreiber hat nicht viel verändert: Die untere Tanzhalle wurde entrümpelt und ein Pizzaofen eingebaut. Im Nachkriegszustand verblieb auch die arg angegriffene Fassade, bei der die nötigsten Sicherungsmaßnahmen erfolgten. Der größte Eingriff bestand im Öffnen und Renovieren des über Jahrzehnte nicht benutzten Ballettsaals. Seither finden hier Dinnershows, Hochzeiten und alternative Theaterveranstaltungen statt.

Sportplatz Auguststraße B 196

Auguststraße 66
U Rosenthaler Platz
52.527537, 13.395846

Sanierung: Bezirksamt Mitte (1996), Bauherr: Bezirksamt Mitte

Nach dem Zweiten Weltkrieg wurde dieser Sportplatz zwischen Linien- und Auguststraße in einer großen Baulücke angelegt. Er teilt die Kleine Hamburger Straße. Nach der Wende war in den Rahmenplanungen des Bezirks Mitte ursprünglich die Wiederherstellung der historischen Straßenflucht vorgesehen. Da aber Schulen und Vereine in dem an Sportflächen ohnehin armen Quartier auf diesen Sportplatz angewiesen waren und auch Bewohner seinen Erhalt forderten, entschied sich der Bezirk dafür, den Platz so lange zu sichern und auf die historische Bebauung zu verzichten, bis diesem Defizit abgeholfen werden kann.

Wohn- und Geschäftshaus

B 197

Auguststraße 62
Ⓢ Oranienburger Straße
52.527158, 13.397341

Architekt: Florian Hoyer/Hoyer, Schindele, Hirschmüller & Partner (2001), Bauherr: Erika Schindele

Der Zuschnitt der Wohnungen ist bei diesem innovativen Neubau an der Außenhaut ablesbar. Die mit Holzelementen ausgestattete moderne Fassade lebt von ihrer Gestaltungsvielfalt und kann neben den sie umgebenden Altbauten bestehen, ohne sich anzubiedern. Im Inneren erlauben verschiedene Ebenen und fließende Grundrisse eine Durchmischung und Kombination der Lebensbereiche.

Wohnhaus mit Laden

B 198

Auguststraße 26a
Ⓢ Oranienburger Straße
52.526981, 13.397248

Architekt: Jörg Ebers (2004), Bauherr: Jörg Ebers

Auf der 154 Quadratmeter kleinen Baulücke entstand ein mit Preisen überhäuftes Masterpiece aller neuen Architektur in der Spandauer Vorstadt. Unter einer Maisonette aus verschränkten Räumen und Ebenen liegen noch ein weiteres Wohngeschoss und eine Ladenetage. Die vier Großfenster der Straßenfront sind Aufenthaltsvitrinen, ihre Lage bietet nicht nur beste Ausblicke, sondern ist exakt an den Gesimsen der Auguststraße 26 und 26b ausgerichtet.

Sammlung Olbricht «

B 199

Auguststraße 68
Ⓢ Oranienburger Straße
52.526930, 13.395487

Architekt: Hans Düttmann (2008), Bauherr: Thomas Olbricht

Ein guter Teil der etwa 2.500 Kunstwerke des Essener Mäzens Thomas Olbricht hat ein dauerhaftes Heim in der Auguststraße 68 bekommen. Dafür entwarf Hans Düttmann, Sohn des langjährigen West-Berliner Senatsbaudirektors, einen ebenso großen wie nüchternen Komplex, für den nach langer Debatte die Sanierungsziele der Spandauer Vorstadt abgeändert wurden. In den oberen Geschossen sind zehn Wohnungen untergekommen, im Erdgeschoss und im Piano Nobile befindet sich die Galerie.

Kunst-Werke

B 200

Auguststraße 69
Ⓢ Oranienburger Straße
52.526761, 13.394994

Architekt: unbekannt (1794, 1832–1842), Sanierung: Hans Düttmann (1999), Neubau: Johanne Nalbach mit Dan Graham (1999), Bauherr: Kunst-Werke Berlin

Das Vorderhaus aus dem Jahr 1794 mit der bauzeitlichen Raumstruktur des Frühklassizismus wurde bis Mitte des 19. Jahrhunderts um Seitenflügel und Quergebäude ergänzt und hat in dieser Hinsicht seitdem kaum Veränderungen erfahren. Nur die Fassaden wurden spätklassizistisch überformt. Das Ensemble, in dem sich vorher eine Margarinefabrik befunden hatte, stand leer, als sich 1991 die Galerie *Kunst-Werke* hier ansiedelte, die binnen Kurzem zum bekannten Ausstellungsort und Anziehungspunkt für internationales Publikum avanciert ist. Die *Kunst-Werke* initiierten auch die erste *berlin biennale*, die seitdem regelmäßig stattfindet. Bis 1998 wurde das Baudenkmal mit Fördermitteln des Programms Städtebaulicher Denkmalschutz sowie mit Lotto-Mitteln erneuert, wobei sich die Instandsetzung und Restaurierung angesichts der umfassenden Schädigungen an der Substanz als sehr aufwendig erwiesen. Ende der Neunzigerjahre wurde das Ensemble durch eine »white cube«-Ausstellungshalle sowie durch einen modernen Glaskubus des New Yorker Künstlers Dan Graham und der Architektin Johanne Nalbach im Hof ergänzt, der das *Café Bravo* beherbergt.

Wohn- und Geschäftshäuser

B 201

Alte Schönhauser Straße 16–19/ Steinstraße 1–3
U Weinmeisterstraße

Architekt: Bellmann & Böhm (2001), Bauherr: WBM Wohnungsbaugesellschaft Berlin Mitte mbH/Land Berlin

Noch in den Sechzigerjahren waren hier die letzten Bestandsgebäude abgerissen worden. Auf den dann lange brachliegenden Flächen entstand Ende der Neunzigerjahre eine Blockrandbebauung, die zwar an das historische Stadtbild anknüpft, jedoch parzellenübergreifend größere Wohneinheiten zusammenfasst. Die Dächer sind in unterschiedlichen Typen und Formen ausgebildet. Eine hohe Aufenthaltsqualität bietet die Freifläche im Blockinneren. Die Wohnungen sind im ersten Förderweg des Programms Sozialer Wohnungsbau errichtet worden.

Wohnhaus urbane living 2 »

B 202

Mulackstraße 12
U Weinmeisterstraße
52.527552, 13.405399

Architekt: abcarius + burns architecture design (2004), Bauherr: Nowka und Bernhard Albers

In der Mulackstraße 12 setzte das Architekturbüro abcarius + burns das bereits in der Joachimstraße 5 erfolgreich erprobte Hauskonzept fort (vgl. Nr. 187). Die rigide Materialpalette aus Sichtbeton und gelackten Oberflächen ist durch Nussbaumholz, Bambus, Kalkstein und Muscheln erweitert worden. Auch hier sind die Räume offen und fließend sowie auf die notwendigen tragenden Elemente reduziert. Raumhohe Schiebe- und Klappelemente verwandeln die Appartements je nach den individuellen Bedürfnissen ihrer Bewohner. Im Penthouse wie in den übrigen Wohnungen lässt sich die Badewanne an einen Ort beliebiger Wahl rollen. Privates und Öffentliches gleiten weiter ineinander: Das quasi wandfreie Erdgeschoss weitet die enge Gasse optisch bis in den Gartenhof hinein. Inzwischen konnten die Architekten ihre Ideen am Friedrichswerder auch auf zwei Reihenhäuser übertragen.

Case Study House 8

B 203

Gormannstraße 8–9, Mulackstraße
U Rosenthaler Platz
52.527492, 13.404634

Architekt: HSH Hoyer Schindele Hirschmüller (2007), Bauherr: Bau-Verein zu Hamburg AG

Gewöhnliche Gebäude mögen nachts lichtdurchlöcherte Sarkophage sein oder ein einziger Leuchtkristall, doch dieses hier ist halb dunkel, halb hell! In der fein gefalteten Weißblechfassade mag man Rem Koolhaas und Richard Meier wiedererkennen. Nüchtern betrachtet bedeckt sie drei übereck angeordnete Reihenhäuser, die sich einen zentralen Aufzug teilen. Jeweils 200 Quadratmeter Wohnfläche treppen sich räumlich höchst variantenreich über vier Ebenen. Im Erdgeschoss befinden sich zwei Läden und vier Doppelgaragen. Für die schnell verkauften Eigentumseinheiten veranstaltete der Bau-Verein zu Hamburg einen Architektenwettbewerb.

12
berlin experiments
urbane living
02
abcarius + burns architecture design
www.abcariusburns.de

Heckmann Höfe ≈

B 204

Oranienburger Straße 32,
Auguststraße 9
Ⓢ Oranienburger Straße

Sanierung: Sanierungsträger Dresden-Pieschen mbH (1996–2000), Bauherr: GVO KG Grundbesitz Verwaltungsgesellschaft Oranienburger Str. 32

Ältestes Gebäude des Komplexes aus Mietshäusern und Gewerbehöfen ist das Haus Auguststraße 9 von 1845. Eigentümer des Geländes war ab 1801 die Tischler- und Holzhändlerfamilie Köhne, später gelangten die Höfe in den Besitz von Heckmann & Langen, vormals Maschinenfabrik Heckmann. 1995 wurde der Komplex wieder Eigentum der Heckmann-Erben, die ihn aufwendig rekonstruieren ließen und einen Mix aus Wohnen, Handwerk, Kunst und Gastronomie ansiedelten. Hier fühlt man sich, abseits des städtischen Trubels, wie in einer anderen Welt.

Lebenshilfe-Haus ≽

B 205

Oranienburger Straße 19–20
Ⓢ Oranienburger Straße
52.524207, 13.396900

Architekt: Feddersen, von Herder & Partner (1994), Bauherr: Berliner behinderte Kinder Immobilienfonds 7 GbR

Das exakt auf dem Niveau des Bürgersteigs liegende Erdgeschoss deutet es schon an: Dies ist ein besonderes Haus für besondere Menschen! 34 von ihnen hilft der Verein *Lebenshilfe* hier über ihre geistige Behinderung hinweg. Dabei lebt jeder Bewohner in einem selbst eingerichteten Zimmer mit Balkon beziehungsweise Loggia. Alle vier Wohngruppen verfügen darüber hinaus über eigene Küchen und Aufenthaltsräume. Die Investitionssumme von gerade einmal drei Millionen Euro reichte auch für ein Pflegebad. Behinderte wie nichtbehinderte Menschen begegnen sich im Krausnickpark.

Wohn- und Geschäftshaus

B 206

Oranienburger Straße 34,
Tucholskystraße 18
Ⓢ Oranienburger Straße

Architekt: unbekannt (1792), Umbau: Carl Schwatlo (1860), Sanierung: Braun & Voigt (1999), Bauherr: GbR Grundstücksgesellschaft Oranienburger Straße 33/34

Mit zugemauerten Schaufenstern, absturzgefährdeten Balkonen und herabgefallenem Putz hatte sich das trotzdem bewohnte Gebäude jahrzehntelang präsentiert. 1989 sollte es dann abgerissen werden. Durch die Wende wurde es gerettet. Die restlichen Putzgliederungen konnten durch eine behutsame Sanierung erhalten werden. Heute zeigt es sich mit authentisch wiederhergestellter Fassade (1861), dem restaurierten hölzernen Treppenhaus (1806) und dem Festsaal (1861).

Wohn- und Geschäftshaus

B 207

Oranienburger Straße 33
Ⓢ Oranienburger Straße
52.524911, 13.393136

Architekt: Braun & Voigt (1999), Bauherr: GbR Grundstücksgesellschaft, Oranienburger Straße 33/34

1996 fand für die Oranienburger Straße 33, die Tucholskystraße 20 und für das dazwischen liegende Eckhaus ein kleiner Wettbewerb statt. Nach dem Plan der Preisträger Braun & Voigt wurde der Bestand nach historischem Vorbild rekonstruiert und durch zwei modernistische Neubauten eingerahmt. Geschickt vermittelt das Haus hier durch sein Brandwandfenster, die Gesamthöhe und Sockelgliederung zwischen der verspringenden Nachbarschaft. Denkmalpflege und Stadtentwicklungsverwaltung priesen das Gesamtprojekt als vorbildlich.

1991

Neue Synagoge

B 208

Oranienburger Straße 30
Ⓢ Oranienburger Straße
52.525063, 13.394212

Architekt: Eduard Knoblauch (1866), Sanierung: Bernhard Leisering (1995), Bauherr: Jüdische Gemeinde zu Berlin

Seit den Neunzigerjahren prägt die goldene Kuppel der Neuen Synagoge wieder das Bild des Quartiers. Mit 3.200 Sitzplätzen größtes jüdisches Gotteshaus Deutschlands, war der im Maurischen Stil gehaltene Bau zum jüdischen Neujahrsfest 1866 eingeweiht worden. Während des Novemberpogroms 1938 verschont, wurde die Synagoge im Zweiten Weltkrieg schwer beschädigt. Zu DDR-Zeiten begann der Wiederaufbau, die erhaltene Substanz wurde behutsam repariert und ergänzt. Der nicht mehr vorhandene Hauptraum ist nun durch Markierung der Konturen ablesbar. 1995 erfolgte die Wiedereröffnung.

1980

Kunsthof

B 209

Oranienburger Straße 27
Ⓢ Oranienburger Straße
52.524633, 13.395052

Architekt: unbekannt (1840, 1860), Sanierung: Civitas (1999), Bauherr: Kunsthof Gesellschaft zur Kunst- und Kulturförderung

In dem Gebäudeensemble mit der vollständig erhaltenen großen Hofanlage befindet sich seit 1990 der *Kunsthof*, der mit Galerien, Restaurants und Werkstätten ein vielfältiges Kulturangebot bereitstellt. Mit der klaren Fensterreihung, der Mittelachse durch den gusseisernen Balkon, Friesbändern und Gesimsen sowie den Drempelfenstern mit Zinkgussrosetten besitzt das Vorderhaus eine spätklassizistische Wohnhausfassade. Das um 1860 errichtete Belvedere und die westlichen Hoffassaden überliefern die Rundbogenarchitektur 1855–1860 mit Merkmalen des italienischen Villenstils.

1993

Krausnickpark B 210

Oranienburger Straße 19–20
S Oranienburger Straße
52.523539, 13.396692

Architekt: Bezirksamt Mitte (2006), Bauherr: Bezirksamt Mitte

Die große, mit alten Bäumen bestandene Blockinnenfläche gehört zum Grundstück Oranienburger Straße 18. Ihre Entstehungsgeschichte reicht zurück bis in das 17. Jahrhundert, als rings um die Stadt eine Vielzahl von Gärten existierte, in denen neben Nutzpflanzen auch seltene Exoten angebaut wurden. Diese Gärten wurden zunächst zu Sommerresidenzen vermögender Bürger und später, ab der ersten Hälfte des 18. Jahrhunderts, vermehrt verpachtet. Den *Vierhuffschen Garten*, auf den die heutige Blockinnenfläche zurückgeht, wandelte man zu einem Gartenlokal um, der *Therbuschschen Ressource*. Nach wechselnden Nutzungen im 19. und frühen 20. Jahrhundert wurden nach dem Zweiten Weltkrieg Teile des Areals als Spielplatz und Freifläche einer Kindertagesstätte genutzt. In den Neunzigerjahren begannen die Planungen für einen begrünten Blockinnenpark, der vor allem den Anwohnern der umliegenden Grundstücke zugänglich sein sollte. Ein Anwohnerverein gründete sich, mit dem die Planungen gemeinsam entwickelt wurden und der auch die Pflege der Grünfläche übernahm. Die Neugestaltung des Krausnickparks wurde mit Fördermitteln aus dem Bund-Länder-Programm *Stadtumbau Ost* finanziert. Im Sommer 2007 war der Park fertig. Tagsüber ist die kleine Oase in der Innenstadt auch für die Öffentlichkeit zugänglich.

Wohn- und Geschäftshaus B 211

Monbijouplatz 5

S Oranienburger Straße

52.523536, 13.398707

Architekt: Grüntuch Ernst Architekten (2001), Bauherr: Gesellschaft Monbijouplatz 5 bR

Dort, wo sich die Oranienburger Straße an ihrem östlichen Ende gabelt, teilt das Gebäude Monbijouplatz 5 den Verkehrsfluss. Umgeben von Brandmauern und der sich teilenden Straße, besitzt das Grundstück den Grundriss eines Dreiecks. Das Wohn- und Geschäftshaus mit der markanten, sanft geschwungenen Glasfassade beherbergt Läden im Erdgeschoss, Büros in drei Obergeschossen sowie fünf Appartements im vierten und fünften Geschoss, von denen sich drei als Maisonettewohnungen in das sechste Geschoss erweitern. Die Brüstungsbänder sind mit Glasmosaik belegt. Vor der geschosshohen Verglasung liegt eine feine Schicht aus vertikalen Glaslamellen, die im Inneren eine gewisse Abgeschirmtheit vermittelt. Die Außenwirkung des Gebäudes ändert sich je nach Blickwinkel des Betrachters. In der Verdichtung der grauen Glaslamellen wirkt die Fassade wie geschlossen; dieser optische Effekt betont die Plastizität des Baukörpers, der konkav-konvex-konkav die Ecke des historischen Blocks bildet. Der tiefe Grundriss mit der fensterlosen Rückfront dominiert die Grundrissstruktur.

Kay-Degenhard-Haus B 212

Oranienburger Straße 85a

S Oranienburger Straße

52.523604, 13.399675

Architekt: BRT Bothe Richter Teherani (2004), Bauherr: J. & O. Immobiliengesellschaft mbH

Mit dem Kay-Degenhard-Haus wurde eine Baulücke im Blockrand zwischen Oranienburger Straße, Monbijouplatz und Großer Präsidentenstraße geschlossen. Anlass der Planungen an diesem Ort war das Entstehen eines Zentrums für Mode und Design in Berlin-Treptow (Kiefholzateliers), das in der City um ein »Schaufenster der Mode« ergänzt werden sollte. Hier präsentieren die Designer der Kiefholzateliers ihre Kollektionen. Sowohl die großflächige gläserne Fassade des viergeschossigen Neubaus, der deutlich von der Bauhaus-Architektur beeinflusst ist, als auch seine Innenräume sind von einem durchlaufenden Band bestimmt. Es hält das Haus als Ganzes zusammen und trennt die unterschiedlichen Bereiche im Inneren voneinander ab. Im städtebaulichen Kontext repräsentiert dieses Band das Haus eigenständig im Blockverband und stellt durch die Vermittlung zwischen verschiedenen Bautiefen, Trauf- und Gesimshöhen eine harmonische Einheit her. So wurden die Innenräume unmittelbar durch die Umgebung beeinflusst. Der Hof ist integrierter Bestandteil des Innenraumkonzepts.

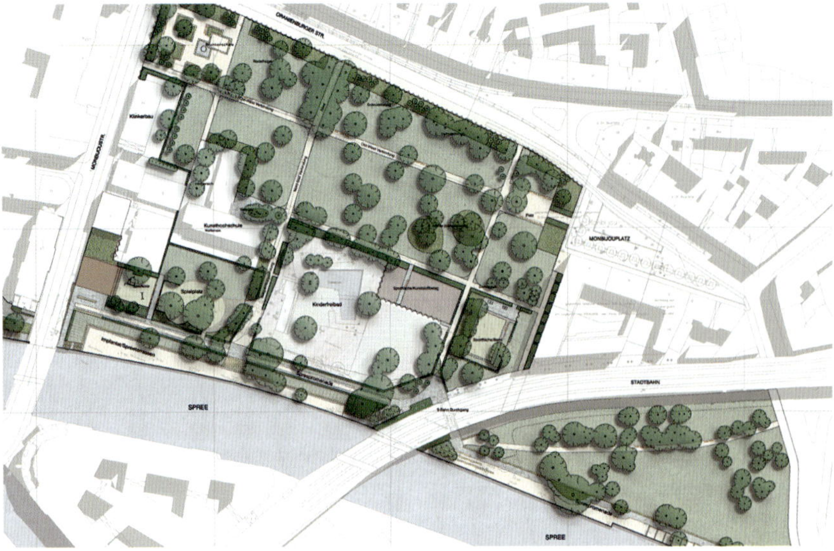

Monbijoupark B 213

Monbijoustraße, Oranienburger Straße, Kleine Präsidentenstraße, Burgstraße

Umbau: Bezirksamt Mitte/Lützow 7, Cornelia Müller, Jan Wehberg (2007), Bauherr: Bezirksamt Mitte, Grün Berlin GmbH

Eine solche Szene-Schnittstelle gibt es in Berlin kein zweites Mal! Seine Lage hat dem Monbijoupark seit 1990 den größten Nutzungsschub innerhalb des städtischen Grünbestands beschert: Der Freiraum ist der einzige ausgewachsene Park der Spandauer Vorstadt, liegt unmittelbar nördlich der Museumsinsel und ist keine fünf Hektar klein. Auf der Agenda des Bezirks Mitte nahm er folgerichtig stets einen Top-Rang ein. Klar war nach dem Mauerfall nur: Das Sammelsurium abgezirkelter Freizeiten für Freiluftgastronomie, Kleinsport, Kinderbad und Kunsthochschule, das zu DDR-Zeiten in kollektiver Aufbauleistung und später nach dem Entwurf von Hans Löffler, Roswitha Schultz und Eberhard Jaenisch entstanden war, hatte keine Zukunft. Erste Überlegungen lehnten sich an die Vergangenheit an, die der Monbijoupark seit 1710 als Barockanlage mit Lustschloss, dann als Landschaftsgarten in englischem Stil zugebracht hatte. Dabei zielte die Rekonstruktion weniger auf das 1958 abgetragene Rokokowerk Eosander von Göthes als auf die Bauflucht an der Oranienburger Straße, die nicht zuletzt dank des dortigen Buschwerks zur Lustmeile geworden war. Weniger Freiflächen waren allerdings das genaue Gegenteil dessen, was die Gegend brauchte. Also gab der Gestaltungswettbewerb von 1993 die Öffnung zur Spree vor. Nur waren die üppigen Terrassen, die das siegreiche Büro Agence Ter vorsah, politisch wie finanziell utopisch. Stattdessen folgte Kleinarbeit: Zur Sanierung des Kinderbads (Heinz Graffunder, Walter Hinkefuß, 1960) und zur Fassung der östlichen Parkkante gingen Freiflächen an den Investor CTI, der sein Baurecht am Monbijouplatz teilweise einlöste. Damit verbunden waren der Abriss der Gaststätte (Peter Hartlich, 1973) und die Verlagerung der Sportplätze hinter die Stadtbahn. Zugleich belebte sich die Uferwiese südlich des Viadukts durch die Öffnung der S-Bahn-Bögen für Restaurants, Cafés, Bars und Biergärten spürbar. An der westlichen Wasserkante richtete das *Hexenkessel Hoftheater* eine zunächst provisorische Spielstätte mit Strandbar ein, die seit 2008 als *Amphitheater Berlin*, einer saisonal aufgebauten Holzkonstruktion, und mit zwei ganzjährig

bespielbaren sogenannten Märchenhütten zur Dauerattraktion geworden ist. Dieses Stückwerk vereinten nach 2001 behutsame, unter Einbindung der Anwohner entwickelte Erneuerungsmaßnahmen, die der Bund, das Land Berlin und die EU-Tourismusförderung mit 3,3 Millionen Euro finanzierten. Nach Entwürfen von Cornelia Müller und Jan Wehberg (Lützow 7) komplettierte die Grün Berlin GmbH die Spreepromenade: Bis zu neun Meter breit und mit Sitzstufen aus Granit großzügig ausgestattet, ist sie nun weniger Weg als Ziel. Den Wasserbezug stärkt jetzt auch, dass der Wildwuchs im Hinterland des Parks gelichtet wurde. An die Stelle der verschlungenen Pfade ist ein klares System orthogonaler Achsen getreten. Mit Jasper Halfmanns Schalenbrunnen, der ursprünglich für den Prinzessinnengarten vorgesehen war, kam ein weiterer Anlaufpunkt hinzu. Insgesamt ist der Monbijoupark heute ein ästhetisch schlichtes, viel genutztes Grün-Highlight, das für die Nachwende-Zeit nicht weniger typisch ist als etwa Mauerpark, Lustgarten oder Spreebogen.

Wohn- und Geschäftshaus ≽ B 214

Monbijouplatz 8–10
Ⓢ Oranienburger Straße
52.523009, 13.398480

Architekt: Kny & Weber Architekten (2003), Bauherr: CTI – Capital-Treuhand AG

Durch die Schließung der südlichen Platzkante und die (geplante) Wiedererrichtung der Torhäuser wird der Monbijouplatz seine einstige Qualität als verbindender Raum im Übergang von der historischen Mitte zum Monbijoupark wiedergewinnen. Die Positionierung und Organisation der Erschließung erlaubt eine Beschränkung auf zwei Kerne für das gesamte Wohngebäude sowie eine horizontale Addition oder vertikale Stapelung von Wohnungen unterschiedlicher Größe mit hoher Grundrissqualität. Die Fassade zur Parkseite spiegelt die Reihung und Stapelung der verschiedenen Wohnungen wider. Mit ihren Klappläden bestimmen die nebeneinander gefügten geschosshohen französischen Fenster die Fassade.

The Missing House

B 215

Große Hamburger Straße 15–16
Ⓢ Hackescher Markt
52.525183, 13.398937

Architekt: Edmund Fuchs (1911), Sanierung: Knut Trommer (2000), Bauherr: Thomas Dumke

Offen ist dieser Wohnhof schon immer gewesen, doch zerstörten Bomben im Februar 1945 das mittlere Quergebäude, das danach nicht wiederaufgebaut wurde. 1990 fragte der Künstler Christian Boltanski nach vormaligen Bewohnern und brachte zu ihrem Gedenken Namensschilder an den freigebrochenen Giebelwänden an: *The Missing House*. Dieses Denkmal ist auch erhalten geblieben, nachdem die umfassende Sanierung zehn Jahre später der Anlage ihre einst pittoreske Anmutung zurückgegeben hat.

Wohn- und Geschäftshaus

B 216

Große Hamburger Straße 19A
Ⓢ Hackescher Markt
52.524480, 13.399268

Architekt: unbekannt (1691), Sanierung: INGTRA GmbH (1996), Bauherr: GbR Große Hamburger Straße 19A

Dieses Haus ist das älteste noch erhaltene Gebäude der Spandauer Vorstadt und eingetragenes Baudenkmal. Im Quergebäude befand sich früher eine Branntweinbrennerei, deren gewölbter Erdgeschossraum und Gewölbekeller erhalten sind. Das Vorderhaus markiert mit der Bauflucht noch das schmalere historische Straßenprofil.

Wohn- und Geschäftshaus ♿

B 217

Oranienburger Straße 90
Ⓢ Hackescher Markt
52.523561, 13.400794

Architekt: Siegfried Hertfelder Architektur und Städtebau, Fernando Cortes (1998), Bauherr: GbR Dreyer + Schöpflin

Dieses Haus steht am nordöstlichen Beginn der Oranienburger Straße, einer der beliebtesten Ausgehmeilen in Berlin. Sie ist durch verschiedene historische Baustile geprägt, von Neorenaissancefassaden bis hin zu den strengen, in den Seitenstraßen häufig zu findenden klassizistischen bis spätklassizistischen Lochfassaden. Der Neubau vermittelt zwischen den Nachbargebäuden, die Planung wurde mit der Denkmalpflege Mitte und der Stadtplanung Mitte entwickelt. Durch die winklige Grundstückssituation ist ein Haus entstanden, das in seinen Außenmauern keinen rechten Winkel hat.

Geschäftshaus

B 218

Rosenthaler Straße 63/64
U *Weinmeisterstraße*
52.527887, 13.403228

Architekt: Bartels, Schmidt-Ott & Wagner (2004), Bauherr: LARGO Grundstücksgesellschaft

Das Gebäude zwischen der August- und der Rosenthaler Straße sowie ihrem kleineren Ableger besetzt den kompletten, in der Nachkriegszeit frei gebliebenen Block. Bevor Büros und Läden in den horizontal gegliederten und voll verglasten Neubau zogen, war seine nächtliche Beleuchtung ein sehenswertes Schauspiel gewesen.

Haus Grahl »

B 219

Mulackstraße 16
U *Weinmeisterstraße*
52.527684, 13.404310

Architekt: plus4930 (2007), Bauherr: Uwe Grahl, Genia Grundmann-Grahl

Für einen keine sieben Meter breiten Flurstreifen entwarfen Johannes Sierig, René Krüger und Florian Gedert dieses fünfgeschossige Townhouse: ein Gebäude mit Wohnmaisonettes mit erkerartig vorspringenden Fensterflächen und einem Ladentrakt im Erdgeschoss, der sich unter den Hofgarten schiebt. Die dafür schräg angehobene Ebene bildet einen grünen Hügel im Innenhof und verschafft so der Wohnung im ersten Obergeschoss einen direkten Zugang zum Garten. Auch wenn viele Details etwas überambitioniert wirken: Die Chance, die dieses Neubauprojekt fast nicht bot, haben die Jungarchitekten grandios genutzt.

Wohn- und Geschäftshaus

B 220

Neue Schönhauser Straße 13
U *Weinmeisterstraße*
52.524485, 13.404366

Architekt: Alfred Messel (1891), Sanierung: Schröder & Ringkamp (1998), Bauherr: Wohnungsbaugesellschaft Mitte

Einst hatte Alfred Messel das Bauwerk zur Armenspeisung errichtet. Freilich war von dieser edelmütigen Vergangenheit nichts mehr übrig, als das Haus 1990 besetzt wurde. Erst die aufwendige Sanierung im Jahr 1996 stellte beide Rundbogenfenster wieder her, hinter denen sich einst bedürftige Frauen und Männer getrennt trafen.

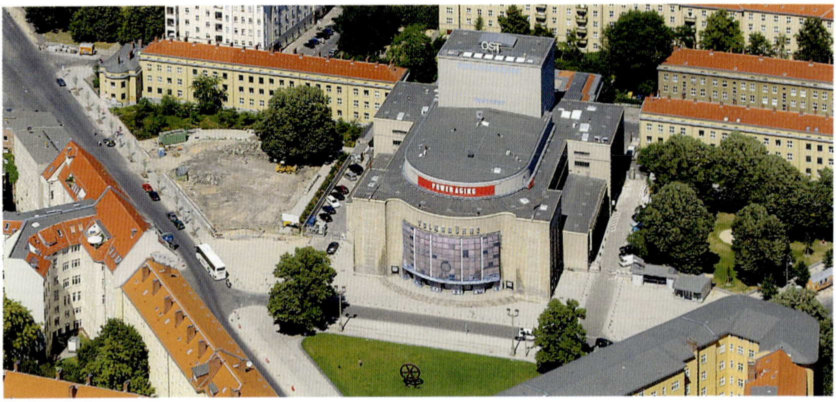

Rosa-Luxemburg-Platz

B 221

U *Rosa-Luxemburg-Platz*
52.526713, 13.411169

Landschaftsarchitekt: Levin Monsigny, Landschaftsarchitekten, Künstler: Hans Haacke (2006), Bauherr: Bezirksamt Mitte, Land Berlin

Dieser Platz spiegelt die wechselvolle Geschichte des 20. Jahrhunderts allein schon durch seine zahlreichen Umbenennungen wider: In den ersten Jahren des 20. Jahrhunderts nach Abriss der früheren Bebauung als Babelsberger Platz in der bis heute bestehenden dreieckigen Form mit der großen Straßengabelung entstanden, ab 1910 Bülowplatz, wurde er 1933 unter den Nazis in Horst-Wessel-Platz umbenannt. Nach Kriegsende hieß er erst Liebknecht-, dann Luxemburg-Platz, bis er schließlich 1969 seinen bis heute gültigen Namen erhielt. Das *Denkzeichen* für Rosa Luxemburg von Hans Haacke ist seit 2006 in den Gehwegen und Fahrbahnen um den Platz installiert.

Volksbühne

B 222

Rosa-Luxemburg-Platz 1
U *Rosa-Luxemburg-Platz*
52.526664, 13.411597

Architekt: Oskar Kaufmann (1913–1914), Umbau: Fehling, Müller, Sobotka, (1952–1954); Hans Richter (1954), Sanierung: Klaus Roth (2003), Bauherr: Land Berlin

Aus der 1890 gegründeten Freien Volksbühne spaltete sich 1892 ein Flügel als *Neue Freie Volksbühne* ab, der nach 1902 starken Zulauf bekam – und dadurch auch die finanziellen Mittel, ein eigenes Haus zu bauen. Anliegen des Vereins war es, breiten Kreisen der Bevölkerung den Zugang zu Kunst und Kultur zu ermöglichen. Aus Spenden der Vereinsmitglieder wurde die Volksbühne nach Entwürfen von Oskar Kaufmann 1913–1914 im Stil der beginnenden Moderne auf einer Grundfläche von mehr als 3.500 Quadratmetern errichtet. Sechs dorische Säulen gliedern die in der Mitte vorschwingende Fassade. Nach weitgehender Zerstörung im Zweiten Weltkrieg wurde das

Haus 1952–1954 nach Plänen von Fehling, Müller, Sobotka beziehungsweise später von Hans Richter vereinfacht wiedererrichtet. Die seitlichen Anbauten der ersten Wiederaufbaujahre sind in den Formen der Moderne gehalten. Der Zuschauerraum mit seinen Rängen gehört zu den bedeutenden noch erhaltenen Zeugnissen der Innenarchitektur aus der stalinistischen Ära der DDR.

Babylon-Block

B 223

Hirtenstraße 5–6, Kleine Alexanderstraße 1–4, Rosa-Luxemburg-Straße 30, Weydingerstraße 2–12

Architekt: Hans Poelzig (1929, 1936), Sanierung: diverse (2001), Bauherr: Hausverwaltung Hachmann GmbH und andere

Die Planungen für die erste Kahlschlagsanierung Berlins, die das Scheunenviertel ersetzte, gehen bis in das ausgehende 19. Jahrhundert zurück. Der Städtebau, der die neu angelegten Straßen füllte, stammt von Hans Poelzig, der (mit Ausnahme des Karl-Liebknecht-Hauses) die gesamte Ostseite der Weydingerstraße 1929 noch selbst realisieren konnte. Postum gerieten seine Entwürfe bei der gegenüberliegenden Hirtenstraße Ecke Rosa-Luxemburg-Straße etwas simpler. Dieses Werk ist das einzige erhaltene Gebäudeensemble von Poelzig in Berlin. Das Filmtheater wurde 1928–1929 als größtes Uraufführungskino des Berliner Ostens ebenfalls nach Entwürfen von Poelzig errichtet. Im Zweiten Weltkrieg nur leicht beschädigt, wurde das Haus im Mai 1948 wiedereröffnet. 1951/1952 wurde der Kinosaal grundlegend umgebaut. Erhalten sind die Kinoorgel und die Leinwand aus der Stummfilmzeit, die nach einer mehrjährigen Restaurierung des Hauses (bis 2001) wieder voll funktionsfähig sind und damit eine authentische Aufführung von Stummfilmen ermöglichen. Auf einer zweiten, versenkbaren Leinwand läuft zeitgenössisches Kino.

Brunnen der Völkerfreundschaft D 224

Alexanderplatz
S U Alexanderplatz
52.522024, 13.412793

Künstler: Walter Womacka (1969), Restaurierung: Kunsch Metallbau (2002), Bauherr: Bezirksamt Mitte

Schon der Name verrät, dass dieser Brunnen ein Kind der sozialistischen Stadtverschönerung ist. Der *Brunnen der Völkerfreundschaft* entstand im Zuge der Neubebauung des Alexanderplatzes und sollte auf der weiten, leeren Pflasterfläche, umgeben von nüchtern-modernistischen Gebäuden, einen verspielten, fröhlichen Farbtupfer setzen. Mit dem Entwurf wurde der Künstler Walter Womacka beauftragt, der bereits den Mosaikfries am nahe gelegenen *Haus des Lehrers* gestaltet hatte. Auch beim Brunnen fanden bunte Keramikfliesen, Emaille und Glaskristalle Verwendung, was ihm im Ost-Berliner Volksmund den Spitznamen »Nuttenbrosche« einbrachte. Aus 17 farbig gestalteten Kupferschalen sprudelt Wasser in die höher gelegene kleine Brunnenschale, von wo es dann in das große, flache, von einem breiten Rand umfasste Becken läuft. Der Brunnen ist nicht nur Zierde, sondern auch kommunikatives Moment des gesamten Areals geworden. Die breiten Randflächen sind immer bevölkert von Passanten, Touristen und Schulklassen, die sich hier vom Stadtbummel ausruhen. 2002 wurde der Brunnen nach denkmalpflegerischen Vorgaben durch die Firma Kunsch Metallbau saniert – deren Seniorchef zeichnete auch für die ursprüngliche Anlage verantwortlich.

Alexanderhaus D 225

Alexanderplatz 2
S U Alexanderplatz
52.520595, 13.413324

Architekt: Peter Behrens (1932), Umbau: Pysall, Stahrenberg und Partner (1996), Bauherr: Landesbank Berlin

Das zweiflügelige *Alexanderhaus* gehörte nach der Wende zu den ersten erhaltenen Gebäuden am Platz, die renoviert wurden. Im Zuge einer denkmalgerechten Sanierung wurde die wertvolle bauhistorische Substanz von allen nachträglichen Einbauten und Veränderungen befreit, so dass die nüchterne, moderne Formensprache des Originalentwurfs wieder sichtbar geworden ist. Das Haus ist Sitz der Berliner Landesbank und bildet mit dem gegenüberliegenden *Berolinahaus* ein städtebauliches Ensemble, das der Weite des Alexanderplatzes eine Fassung verleiht und ihn nach Westen hin abschließt. Ein Galeriebereich im ersten Obergeschoss vermittelt zwischen dem kleinteiligen bunten Treiben auf Straßenebene und der geometrischen Rasterfassade aus Muschelkalk. Das Innere des Hauses besticht durch großzügige Abmessungen. Stützweiten von mehr als sieben Metern gestatten flexible und differenzierte Raumaufteilungen. Erdgeschoss und erstes Untergeschoss wurden, neben der Nutzung für die historisch dort ansässige Sparkasse, für Einzelhandel und Gastronomie umgebaut. Bemerkenswert ist das leuchtende Glasband am Giebel des Hauses. Das Gebäude steht, wie das benachbarte *Berolinahaus*, unter Denkmalschutz.

Berolinahaus

D 226

Alexanderplatz 1
S U Alexanderplatz
52.51348, 13.412807

Architekt: Peter Behrens (1931), Umbau: Sergei Tchoban, nps tchoban voss GbR architekten bda (2006), Bauherr: Pegasus Grundstücksentwicklung und Beteiligung GmbH & Co. KG

Das *Berolinahaus* gehört mit dem *Alexanderhaus* zu den einzigen erhaltenen Bauten aus der Zeit vor 1945 am Alexanderplatz. Ursprünglich als sogenannte Torhäuser geplant, gelten diese zwei Gebäude als herausragende Zeugnisse der klassischen modernen Architektur – sie sind die einzigen realisierten Bauten des 1929 durchgeführten Wettbewerbs zur Neugestaltung des Alexanderplatzes. Die siebengeschossigen Betonrahmenkonstruktionen wurden als Geschäftshäuser genutzt. Bis 1996 war das *Berolinahaus* das Rathaus für das Bezirksamt Mitte. Nach Verkauf und mehrjährigem Leerstand erfolgte der jüngste Umbau mit großem Respekt vor der Gebäudehistorie. Ein Teil wurde entkernt und der neuen Nutzung als Kaufhaus entsprechend wurden Verkaufsflächen mit einem reduzierten Stützenraster neu integriert. Aufgrund tief greifender Bauschäden musste die charakteristische Fassade bis auf den Rohbau entfernt und sorgfältig restauriert werden. Die nordwestliche Giebelwand, in der Ursprungsplanung eigentlich eine Brandwand, zeigt nach dem städtebaulichen Paradigmenwechsel des Alexanderplatzes ein neues, eigenständiges Gesicht. In ihrer kontrastreichen Gestaltung tritt sie mit der auch nach über 80 Jahren noch modernen Ausprägung der übrigen Fassaden in einen Dialog und hat dem Haus eine neue Qualität verschafft. Die Originalfenster aus Metall konnten teilweise erhalten werden. Markant sind die an den Stirnseiten befindlichen gläsernen Aufzugschächte, die in der Nacht stimmungsvoll beleuchtet werden.

Geschäftshaus

D 227

Alexanderplatz 4
S U Alexanderplatz
52.521121, 13.416053

Architekt: RKW GmbH + Co. KG (2009), Bauherr: Hines Immobilien GmbH

Die Mitte ist der erste nach dem Mauerfall am Platz entstandene Neubau. Allerdings wurde vorerst nur der »Fuß«, ohne Hochhaus, gebaut. Dadurch erhält der Platz die schon lange geplante Fassung, sein »Zerfließen« in Richtung Karl-Marx-Allee wird aufgehalten. 15 Ladengeschäfte erfüllen die Anforderungen des internationalen Einzelhandels in Architektur und Konzeption.

Galeria Kaufhof D 228

Alexanderplatz 9

S U *Alexanderplatz*

52.521941, 13.411307

Architekt: Josef Kaiser, Günter Kunert (1969), Umbau: Kleihues + Kleihues Gesellschaft von Architekten mbH (2006), Bauherr: Metro Group Asset Management, Kaufhof Warenhaus Am Alex GmbH

Das Kaufhaus am Alexanderplatz ist eine Adresse, die schon viele Gesichter hatte. Die Ursprünge gehen zurück in das beginnende 20. Jahrhundert, als sich Hermann Tietz an diesem Ort ein großes, modernes Warenhaus errichten ließ. Nach der Enteignung der Gründerfamilie Tietz, der Beschädigung im Zweiten Weltkrieg und schließlich dem Abriss in den Sechzigerjahren wurde auf der Grundlage des 1964 durchgeführten Architekturwettbewerbs der Gesamtkomplex Alexanderplatz auf einem neuen Stadtgrundriss errichtet. Die Realisierung im Zeitgeist der Siebzigerjahre plante das Kollektiv Josef Kaiser und Günter Kunert. Charakteristisch für das *Centrum-Warenhaus* waren die Wabenfassade aus geformten Aluminiumblechen und der gläserne Sockel. Eröffnet wurde das Haus 1969. Mit einer Verkaufsfläche von 15.000 Quadratmetern war es das größte Warenhaus der DDR, in dem sich die Bürger aus der ganzen Republik zum Einkaufen trafen. Nach der Wende eröffnete hier eine Filiale von *Galeria Kaufhof*. Durch erste Umbaumaßnahmen wurde die Verkaufsfläche auf 20.000 Quadratmeter erhöht. Schon bald war das Haus die umsatzstärkste Filiale Deutschlands. Kein Wunder, dass sämtliche Umbaupläne für den Alexanderplatz nicht an dem erfolgreichen Kaufhaus vorbei kamen. Der nach dem Wettbewerb Alexanderplatz (1993) entstandene Masterplan von Hans Kollhoff und Helga Timmermann schuf ein neues städtebauliches Gerüst mit dem Ziel, dem

Galeria Kaufhof vor dem Umbau

Galeria Kaufhof nach dem Umbau

Alexanderplatz einen städtischen Maßstab zurückzugeben und die Bebauung zu verdichten. Die anfängliche Idee, das bestehende Gebäude abzureißen und einen Neubau gemeinsam mit einem Hochhaus zu errichten, wich einem aufwendigen und anstrengenden Umbau des Kaufhauses bei laufendem Betrieb. Das von Josef Paul Kleihues entwickelte Konzept bewältigte diese Aufgabe. Binnen zweier Jahre wurde das gesamte Haus sowohl innen als auch außen einer kompletten Generalsanierung unterzogen. Zum Platz hin wurde das Gebäude um 25 Meter erweitert und die mit Technik und Verwaltung belegten Obergeschosse wurden freigeräumt. Die Verkaufsfläche erhöhte sich dadurch auf 35.000 Quadratmeter, das Gebäude beherbergt nun die größte *Kaufhof*-Filiale Europas. Zentrum des Hauses ist das kuppelgedeckte, lichtdurchflutete Atrium mit der Fahrtreppenanlage.

Hotel Park Inn D 229

Alexanderplatz 7-8

S U *Alexanderplatz*

52.522564, 13.412856

Architekt: Roland Korn, Heinz Scharlipp, Hans-Erich Bogatzky (1970), Umbau: diverse, Fußbebauung (1997), Erneuerung Innengestaltung (2001), Fassade (2005), Bauherr: Deutsche Interhotel GmbH

Mit seinen 37 Geschossen gehört das Hochhaus zu den markantesten Bauten des östlichen Stadtzentrums, nach dem Fernsehturm ist es das zweithöchste Gebäude Berlins. Zudem kann das *Park Inn* mit einem weiteren Superlativ aufwarten: Es ist gleichzeitig das höchste Hotelgebäude Deutschlands. Der aufragende Bau ist eine schlanke Stahlskelettkonstruktion mit einer bläulich schimmernden Vorhangfassade aus Glas und Aluminium. Im Sockelbereich findet der 123 Meter hohe Solitär Anbindung an das Stadtleben: Ein angeschlossener Flachbau beherbergt auf der Seite des Alexanderplatzes Läden und Restaurants, die Hotellobby selbst fungiert als Passage zwischen dem Haupteingang an der Alexanderstraße und dem Alexanderplatz. Der neue Hotelbetreiber legte Wert auf eine behutsame Modernisierung des Gebäudes, das sich äußerlich im Wesentlichen unverändert zeigt. Neben der Sanierung der Hotelzimmer wurde ein Konferenzbereich eingebaut, das Foyer erweitert und eine Passage mit verschiedenen Gastronomieangeboten zwischen Alexanderstraße und Alexanderplatz geschaffen. Die alten Fassadenelemente wurden gegen neue verspiegelte Paneele ausgetauscht. Dabei ist leider das frühere Farbenspiel, das mit dunkelblauen Glasplatten am Boden begann und nach oben hin immer lichter wurde, verloren gegangen. Eigentlich sollten hier inzwischen zwei der 150 Meter hohen Häuser stehen, die Hans Kollhoff in seinem Masterplan von 1993 vorsah. Aber nun, da der DDR-Bau saniert ist, wird man noch warten müssen.

Bürogebäude Döblinhaus

D 230

Alexanderstraße 1–5
S U *Alexanderplatz*
52.523710, 13.414624

Architekt: Heinz Mehlan, Emil Leibold, Peter Skujin (1969), Umbau: Sergei Tchoban, nps tchoban voss GbR architekten bda (2001), Bauherr: TLG Treuhand Liegenschafts GmbH

Das 220 Meter lange und 38 Meter hohe Gebäude, das nach den Entwürfen von Mehlan, Leibold und Skujin 1969 errichtet wurde, firmierte zu DDR-Zeiten unter dem Namen *Haus der Elektroindustrie* und bildete ursprünglich den nördlichen Abschluss des Alexanderplatzes. Die achtspurige Alexanderstraße hat jedoch diesen geplanten städtebaulichen Zusammenhang gesprengt, so dass der gesamte Komplex eher wie ein lang gezogener Riegel an einer viel befahrenen Magistrale wirkt. Die Architekten der Sanierung begriffen die serielle Rasterung der Gebäudehülle als Chance: Sie applizierten auf die Fassade ein Zitat aus Alfred Döblins *Berlin Alexanderplatz*, das von Autofahrern ebenso gelesen werden kann wie von Fußgängern.

Kongresshalle – bcc

D 231

Alexanderstraße 11
S U *Alexanderplatz*
52.520832, 13.416209

Architekt: Hermann Henselmann (1964), Umbau: Kerk-Oliver Dahm (2003), Bauherr: bcc Grundstücksgesellschaft bR

Die Kongresshalle entstand zusammen mit dem benachbarten *Haus des Lehrers* und gilt bis heute als ein herausragendes Beispiel für die sozialistische Interpretation des International Style. Hermann Henselmann, DDR-Stararchitekt mit Bauhaus-Wurzeln, schuf einen visionären, zeitlosen Gebäudekomplex. Funktionalität und Transparenz wurden kongenial in futuristische Architektur umgesetzt. Das *Haus des Lehrers* und die überkuppelte gläserne Halle stehen seit den Achtzigerjahren unter Denkmalschutz. Wie früher wird die Halle heute für Konferenzen, Kongresse und Messen, aber auch für Party-Events genutzt. Architektonisch besticht das Gebäude durch den aluminiumglänzenden Kuppelbau und die besonderen, für die DDR überraschend glamourösen Einbauten. Neben einer elegant geschwungenen Treppe gibt es eine Bar aus tropischem Edelholz sowie eigens angefertigte Sitzmöbel. Diese geradezu dekadente Pracht wurde bei der Sanierung behutsam restauriert. Allein die alten Sitzmöbel sind durch neue Entwürfe ersetzt worden. Im Zuge der Renovierung zum neuen *Kongresscenter bcc* wurde die interne Struktur optimiert. Durch eine Neuordnung der Fläche sind zusätzliche Räume entstanden, so dass es nun möglich ist, mehrere Veranstaltungen parallel durchzuführen. Insgesamt können 23 Veranstaltungsräume sowie 3.000 Quadratmeter Ausstellungsfläche genutzt werden. Größter Veranstaltungsraum ist der Kuppelsaal mit seinem wie eh und je leuchtenden Sternenhimmel, hier finden bis zu 1.000 Menschen Platz. Äußerlich wurde das Gebäude gründlich entstaubt und von allen verfremdenden Ergänzungen befreit. Heute präsentiert es sich wieder in einer klaren, farbenfrohen Formensprache und mit zahllosen Details von zeitloser Schönheit. Mit dem *bcc* ist unter herausragender Beachtung des Denkmalschutzes ein stilvolles Kongresszentrum entstanden, dessen Eignung und Nutzung für zeitgemäße Veranstaltungen die Erbauer von damals wohl erstaunen würde.

ACCURAT
www.accurat.eu
Tel. 8471268-0
We keep IT running.

Haus des Lehrers

D 232

Alexanderstraße 9
S U Alexanderplatz
52.521408, 13.416098

Architekt: Hermann Henselmann (1964), Umbau: Kerk-Oliver Dahm (2003), Bauherr: bcc Grundstücksgesellschaft bR, WBM

Das *Haus des Lehrers* gehörte zu den Fixpunkten der Hauptstadtplanung der DDR. Seine Errichtung ging der Neuordnung des kriegszerstörten Alexanderplatzes voraus und gilt auch heute noch als Pionierleistung auf dem Gebiet moderner Architektur im Osten Berlins. Während es bis zum Fall der Mauer als Fortbildungs- und Veranstaltungsort für die Pädagogen des Landes diente, die hier nicht nur eine Bibliothek und Seminarräume, sondern auch Restaurants und Cafés vorfanden, firmiert das Haus heute, nach einer umfassenden Renovierung, unter altem Namen als ganz normales Büro- und Geschäftsgebäude. Nach denkmalschützerischen Vorgaben wurde die Fassade dem Originalentwurf entsprechend überholt und technisch aufgerüstet. Die innere Struktur hingegen ist eine Neuplanung. Besonders bemerkenswert ist der mit großem Aufwand restaurierte Womacka-Fries, ein nach dem Künstler benanntes farbig-fröhliches Mosaik mit sozialistisch-utopischen Motiven, das um das gesamte Gebäude läuft.

Alexa Shoppingcenter D 233

Alexanderstraße, Grunerstraße
S U Alexanderplatz
52.520074, 13.414596

Architekt: Ortner & Ortner Baukunst mit José M. Quintela da Fonseca, Sonae Design Department und RTKL (2007), Bauherr: Sonae Sierra und Foncière Euris

Es hat lange gedauert, bis endlich ein Konzept für die riesige Brache zwischen dem Alexanderplatz und der Jannowitzbrücke gefunden war. Jahrelang wurde die weite Fläche, die den geschwungenen Verlauf der Stadtbahntrasse nachzeichnet, als Parkplatz genutzt, manchmal belebt durch einen Weihnachtsmarkt oder andere Veranstaltungen. War zuerst eine kleinteilige Bebauung mit Wohnungen und Büros in der Planung, so fanden sich Anfang des neuen Jahrtausends Investoren, die in dem Quartier Potenzial für eine neuartige Einkaufs- und Freizeitwelt sahen. Hier ist nun ein Zentrum mit 170 Läden und 17 Restaurants auf 54.000 Quadratmetern entstanden, das Teile dieses großen Grundstücks allein mit seinen schieren Ausmaßen auszufüllen vermag. Die Märkte benötigen allerdings keine Fenster und so standen die Architekten vor demselben Problem wie die Kollegen der Vierzigerjahre, die damals die in den Wohngebieten errichteten Hochbunker als Architektur zu verkleiden hatten. Pfeiler oder Lisenen, Dachgesims oder Balustrade – der Bau kann sich nicht entscheiden und schiebt sich dominant ins Blickfeld: blockhaft, abweisend, mit bei den Passanten heftig umstrittener roter Farbgebung, so als wolle er an das berüchtigte Polizeipräsidium erinnern, das hier bis zum Zweiten Weltkrieg gestanden hatte (aufgrund ihrer Ziegelfassade wurde diese erste Gestapo-Zentrale auch »rote Zwingburg« genannt). Das durch Motive des Art déco unterstützte Design der Shoppingmall soll eine moderne Interpretation der »Goldenen Zwanzigerjahre« vermitteln und eine unverwechselbare Atmosphäre ausstrahlen. An die Berliner Kaufhaus-Tradition um 1900 mit ihren zahlreichen Großkaufhäusern anknüpfend, sind großzügige, teilweise glasüberdachte Straßen mit zuweilen terrassenartig zurückspringenden »Rängen« für den Publikumsverkehr entstanden. In drei unterirdischen Geschossen stehen den Nutzern 1.600 Parkplätze zur Verfügung. In einem weiteren Bauabschnitt ist nach dem Kollhoff'schen Masterplan von 1993 an der Nordwestecke ein 150 Meter hoher Büroturm geplant, der als eine weithin sichtbare Landmarke für das *Alexa* wirken soll. Aber erst einmal gibt es an dieser Stelle eine Brandwand.

Punkthochhäuser ⌃

D 234

Schillingstraße / Holzmarktstraße
S U Jannowitzbrücke
52.516375, 13.419232

Architekt: Helmut Stingl, Joachim Seifert (1971), Sanierung: Hopro Bauplanung GmbH (1997), build.Ing Gesellschaft für Planen, Bauen, Betreuen mbH (2004), Bauherr: CT Projekt- und Bauträgergesellschaft mbH, Wohnungsbaugesellschaft Mitte

Die drei Hochhäuser, entstanden im Rahmen des II. Bauabschnitts Karl-Marx-Allee, waren schon zu DDR-Zeiten eine begehrte Adresse. Nach umfassender Sanierung und Modernisierung der Infrastruktur und auch der Fassade sind die jeweils in den Bauhaus-Farben Rot, Gelb und Blau gestalteten Gebäude wieder ein weithin sichtbarer Blickfang und vereinen moderne Wohnungsstandards mit einer zentralen Lage.

TRIAS Bürogebäude ⌄

D 235

Holzmarktstraße 15–18
S U Jannowitzbrücke
52.513578, 13.4123296

Architekt: Beringer & Wawrik (1996), Bauherr: DG-Anlage GmbH, Projektentwickler: Bauwert GmbH

Wie es der Name bereits vermuten lässt, handelt es sich bei diesem Gebäude um ein dreigliedriges Ensemble, das den Bereich zwischen Spree, S-Bahn-Trasse und der verkehrsreichen Holzmarktstraße markiert. Es setzt einen deutlichen städtebaulichen Akzent im lange vernachlässigten Gebiet um den Bahnhof Jannowitzbrücke. Der moderne und differenzierte Komplex besteht aus einem sechsgeschossigen, über die gesamte Länge laufenden Sockelbau entlang der Holzmarktstraße sowie drei 13-geschossigen verglasten Hochhaustürmen. Der flache Riegel bietet Platz für öffentliche Nutzungen wie Läden und Gastronomie. Von hier aus sind die Räumlichkeiten in den jeweils 44 Meter hohen Türmen zugänglich. Das in Höhe des Stadtbahnviadukts befindliche Dach des Sockelgebäudes wurde als eine Grünfläche konzipiert, die den Nutzern des Hauses zur Verfügung steht. Die drei gleichartigen Türme besitzen einen prismenförmigen Grundriss; ihre geschwungene Silhouette erinnert an einen hohen, schlanken Schiffsbug oder an grünlich schimmernde Glassegel, die sich elegant in Richtung Spree bewegen.

Kino International

D 236

Karl-Marx-Allee 33
U *Schillingstraße*
52.520417, 13.422806

Architekt: Josef Kaiser (1963), Umbau: Dipl. Ing. Wolfgang Classen (2004), Bauherr: Yorck-Kinogruppe

Das Filmtheater *International*, heute ein Baudenkmal, ist ein wesentlicher Bestandteil des II. Bauabschnitts der Karl-Marx-Allee. Schon aufgrund seiner besonderen Symmetrie ist das 1963 eingeweihte Lichtspielhaus von außen als Kino erkennbar. Den dreigeschossigen, mit hellem Sandstein verkleideten Stahlbetonskelettbau schmückt an den fensterlosen Seiten des Zuschauerraums ein Relief von Waldemar Grzimek, Hermann Schievelbein und Karl-Heinz Schamal. Die weit über den Eingang herausragende, vom Fußboden bis zur Decke verglaste Lounge bietet beeindruckende Ausblicke und ist besonders nachts der hell erleuchtete Anziehungspunkt. Das *International* war das modernste Kino Ost-Berlins und somit Ort festlicher Premieren in- und ausländischer Produktionen. Mitte der Neunzigerjahre wurde das Gebäude saniert und es ist ein Glücksfall, dass der große Saal erhalten geblieben ist und nicht die vielerorts übliche »Schachtelung« in Kleinstkinos das Haus zerstört hat. Die Maßnahme brachte die notwendigen Verbesserungen für den Spielbetrieb und war kostengünstig. Im Gegensatz zum inzwischen geschlossenen Kino *Kosmos* erfreut sich das *International* großer Beliebtheit, denn es ist noch immer ein faszinierendes Filmtheater mit einer beeindruckenden Bühne, Treppen zu beiden Flanken und einem schweren glitzernden Vorhang, der sich nach wie vor jeden Abend öffnet.

Rathaus Mitte

D 237

Karl-Marx-Allee 31, Berolinastraße
U *Schillingstraße*
52.521050, 13.423292

Architekt Hotel Berolina: Josef Kaiser (1964), Neubau: Johannes Heinrich in Bassenge, Puhan-Schulz, Heinrich und Schreiber (1998), Bauherr: TRIGON Unternehmensgruppe

Früher logierten an diesem Platz Besucher und Touristen. In dem modernen Gebäude, das im Rahmen des II. Bauabschnitts der Karl-Marx-Allee entstanden war und zusammen mit dem Kino *International* den Endpunkt des »gesellschaftlichen Zentrums« der Straße bildete, befand sich bis Anfang der Neunzigerjahre das Hotel *Berolina*. Das Hotel wurde abgerissen und an seiner Stelle ein Neubau in ähnlicher Größe und Farbe errichtet. Er beherbergt seit 1998 das Rathaus Mitte. Das Hochhaus mit seiner horizontal betonten, blau gekachelten Rasterfassade steht in der Tiefe des Blocks und lässt den tobenden Verkehr auf der mehrspurigen Straße erst gar nicht an sich heran. Der großzügige Eingangsbereich wurde im Zuge der Wiedererrichtung zu einer Passage, die das Foyer des Hauses, häufig für Ausstellungen genutzt, in einen Teil der Schillingstraße verwandelt.

Pavillons

D 238

Karl-Marx-Allee 32, 35, 36, 45, 46
U *Schillingstraße*
52.519542, 13.423476

Architekt: Josef Kaiser, Walter Franek, Horst Bauer (1964)

Von ursprünglich geplanten neun Pavillons wurden nur fünf gebaut. Sie hatten wohlklingende Namen – *Blumenhaus Interflor* und *Modesalon Madeleine* (Nr. 32), *Mokka-Milch- und Eisbar* (35), *Kosmetiksalon Babette* (Nr. 36), *Kunst im Heim* (Nr. 45), *Schuhhaus Zentrum* (Nr. 46) – und waren wegen ihres besonderen Angebots allseits beliebt. Nach dem Mauerfall funktionierten sie nicht mehr, das Gelände ist zu weitläufig, die Angebote in der Stadtmitte sind zu vielfältig. Nur wenige der Pavillons wurden weiter genutzt. In die Nummer 32 zog bald ein Outdoor-Ausrüster ein und die legendäre und vielbesuchte Mokka-Milch-Eisbar, die einst Thomas Natschinski und Hartmut König besangen (»In der Mokka-Milch-Eisbar hab' ich sie geseh'n ...«), heißt heute *Albert's* und *Curcuma*. Die letzten Reste des originalen Interieurs verschwanden bei einem Brand im Jahr 1996 – der Denkmalschutz hatte es Anfang der Neunzigerjahre schwer, die Details der Moderne zu erhalten, entscheidender war es, ein Gebäude einer neuen Nutzung zuzuführen. Die Geschichte der anderen denkmalgeschützten Pavillons ist eher bitter. Ein Schild mit der Aufschrift »Schnäppchenmarkt« kündete an der Nummer 45 von der vorletzten Stufe eines deprimierenden Abstiegs: Nach der Wende war der Pavillon mehrfach umgebaut worden, erst in einen BMW-Autosalon, dann in ein Küchenstudio. Dem folgten die »Schnäppchen« und schließlich ein lang andauernder Leerstand. Manchmal mieteten ihn junge Leute an und für kurze Zeit wurde der Pavillon wie mit dem gut besuchten *Club Ibiza* wiederbelebt. Heute ist er eine Galerie und zumindest zeitweise geöffnet. Die Nummer 36 wurde im Jahr 2000 ebenfalls nach langem Leerstand von Zanderroth Architekten bezogen. Es sind zwar nicht die üblichen Räume für ein Architekturbüro, aber: »Wir haben das gesehen und gedacht, hier könnte man arbeiten.« Inzwischen sind die Architekten weitergezogen und der *Kosmetiksalon Babette* lockt wieder mit altem Namen, aber neuer Funktion als Café und Veranstaltungsort. Auch in Nummer 46 wechseln Leerstand und Nutzung einander ab. Doch inzwischen hat die Generation der Dreißiger die Bauten der Moderne für sich wiederentdeckt. Ihr wird es gelingen, alle Pavillons neu und langfristig zu nutzen.

Café Moskau D 239

Karl-Marx-Allee 34
U Schillingstraße
52.519747, 13.422685

Architekt: Josef Kaiser (1964), Sanierung: HSH Hoyer Schindele Hirschmüller (2009), Bauherr: Nicolas Berggruen Holding

Die Gaststätte mit dem programmatischen Namen war einst die DDR-weit bekannte Adresse für russische Küche in der Hauptstadt. Architektonisch fügte sich der pavillonartige zweigeschossige Flachbau in die Reihe der modern-kühlen Solitäre entlang der schneisenartigen Magistrale Karl-Marx-Allee ein. Hervorzuheben sind das Wandbild von Bert Heller sowie die aus Gussbeton gefertigten Ziergitter und Dekorelemente, die den Bau von den kristallinen Glasvitrinen der Umgebung unterscheiden. In der ursprünglichen Planung war einst ein sogenanntes gläsernes Labyrinth mit Rosengarten und Innenhof vorgesehen, in dem auch größere Gruppen gemeinsam Platz finden sollten. Doch eine interne Neuordnung räumte 1982 mit den großräumigen Zuschnitten auf: Anstelle weniger großzügiger Gasträume gab es nun mehrere kleine Bars, Salons und Cafés. Nach der Wende fand sich keine Kundschaft mehr für diese Art von komplexer sozialistischer Erlebnisgastronomie, so dass die Räume allmählich zu verfallen drohten. Doch dann interessierten sich die Betreiber eines bekannten Berliner Nachtclubs für die Räumlichkeiten. Das *Café Moskau* mit seinem deutsch-kyrillischen Schriftzug entlang der Dachkante wurde wieder eine beliebte städtische Adresse für Partys sowie für Kunst- und Kulturevents. Nach dem Umbau wird das Gebäude heute vorrangig als Tagungsort genutzt.

park inn

Bärenzwinger ≈

D 240

Am Köllnischen Park

U Märkisches Museum

52.512726, 13.414474

Architekt: unbekannt (1939), Umbau: Bezirksamt Mitte (1994), Bauherr: Bezirksamt Mitte

Das Märkische Museum, der Köllnische Park (1971 zuletzt umgestaltet), der seit 1893 hier stehende kleine Rundbau aus Backstein mit der kuppelartigen Bekrönung aus Sandstein – der »Wusterhausische Baer«, das Lapidarium und der Bärenzwinger: Sie alle bilden eine untrennbare Einheit. Seit 1939 leben Bären, die Berliner Wappentiere, in dem 1900 ursprünglich als Straßenreinigungsdepot erbauten Gebäude. Bis 1990 gehörte die Anlage zum Tierpark Friedrichsfelde. Nach dem Mauerfall wurde dort der Aufwand für die Pflege der Tiere zu groß. Daraufhin übernahm das Gartenamt des Bezirks Mitte die Betreuung des Bärenzwingers. Dann hieß es, die Anlage entspreche nicht den Vorschriften. So wurde sie komplett umgebaut. Die Bären erhielten sogar eine Dusche und eine Fußbodenheizung. Aus Spendengeldern von Berlinern und Touristen kann ein Teil der Aufwendungen für die Bärinnen Maxi und Schnute (seit 2007 amtierende Stadtbärin) finanziert werden.

Märkisches Museum «

D 241

Am Köllnischen Park 5

U Märkisches Museum

52.513601, 13.415260

Architekt: Ludwig Hoffmann (1907), Umbau/Sanierung: Senatsverwaltung für Wissenschaft, Forschung und Kultur (1996–2001), Bauherr: Senatsverwaltung für Wissenschaft, Forschung und Kultur

Das Märkische Museum gleicht einer Collage charakteristischer historischer Bauwerke der Mark Brandenburg. Die Anlage aus der Zeit des Historismus sollte außen spiegeln, welche Sammlungen sie beherbergt. Im Zweiten Weltkrieg entstandene Schäden wurden in den Fünfzigerjahren beseitigt, das Museum wurde komplett wiederaufgebaut. 1971 kam eine Sammlung von Gebäudefragmenten, die beim Abriss alter Berliner Häuser angefallen waren, hinzu. Heute gehört das Museum zur *Stiftung Stadtmuseum Berlin*. 2000–2001 wurde das Baudenkmal restauriert und der ursprüngliche Charakter der Räume in starker Anlehnung an die historische Gestalt wiederhergestellt. Die *Große Halle* wurde rekonstruiert, unpassende Einbauten der Nachkriegszeit entfernte man. Weitere Verbesserungen und Ausbauten sind geplant. Daneben wurden auch Teile des Außenraums gestaltet.

Hermann-Schlimme-Haus ≈ D 242

Wallstraße 65, Inselstraße 6
U Märkisches Museum
52.512954, 13.411432

Architekt: Max Taut, Franz Hoffmann, Walter Würzbach (1923/1932), Umbau: ALL PLAN GmbH (1998), Bauherr: IG Bergbau, Chemie, Energie

Im Stil des Neuen Bauens entworfen und 1932 um einen Anbau erweitert, diente das Gebäude zunächst dem Allgemeinen Deutschen Gewerkschaftsbund als Verwaltungssitz. Ab 1933 befand es sich im Besitz der Deutschen Arbeitsfront, 1945–1990 war der Freie Deutsche Gewerkschaftsbund hier untergebracht. Das Hermann-Schlimme-Haus gehört zu den ersten Stahlbetonbauten, deren Rahmenkonstruktion als Hauptgestaltungsmittel eingesetzt wurde. Das Äußere ist durch einen schmalen Portalrisalit, spitze Satteldächer und die zweiseitig ausgestellten Fenster des zweigeschossigen Saals geprägt. 1997–1998 wurde das denkmalgeschützte Gebäude umfassend saniert und renoviert.

Schulze-Delitzsch-Platz ≽ D 243

U Märkisches Museum
52.511455, 13.413975

Künstler: Hans Arnold (1899), Sanierung: Dr. Szamatolski + Partner, Bezirksamt Mitte (1993), Bauherr: Köpenicker Bank, Bezirksamt Mitte

Hermann Schulze-Delitzsch gilt als Gründer und Förderer der Genossenschaftsbewegung, die sich für die Konkurrenzfähigkeit von Kleinbetrieben einsetzte. Am 4. August 1899 wurde das vom Bildhauer Hans Arnold geschaffene Denkmal vor der Köpenicker Bank aufgestellt, 1974 im Zusammenhang mit den Bauarbeiten an der Parteischule in das Depot des Märkischen Museums nach Buch gebracht. Wieder ausfindig machte es der *Bürgerverein Luisenstadt e. V.* Mit der Unterstützung der Köpenicker Bank konnte das Denkmal restauriert und 1991 wiederaufgestellt sowie der Platz saniert werden. Im gleichen Jahr sanierte die Bank auch ihren Sitz in der Köpenicker Straße 95, verließ das Gebäude allerdings 2002.

1902

Senatsverwaltung für Stadtentwicklung und Umweltschutz D 244

Am Köllnischen Park 3

Architekt: Alfred Messel (1904), Umbau/ Sanierung: Kampmann und Weström Architekten (1996), Bauherr: BIM GmbH

Nach seiner Erbauung beherbergte das viergeschossige Gebäude 1906–1913 den Deutschen Städtetag sowie bis zum Ende des Zweiten Weltkriegs die Landesversicherungsanstalt. Die Fassade des klinkerverblendeten Baudenkmals zeigt einige barockisierende Gestaltungselemente, so etwa Kalksteinkartuschen, Reliefbilder und Dockenbrüstungen. Eine durchgehende klare Pfeilergliederung, die auch den Giebel des Mittelrisalits einbezieht und die Geschossteilung überdeckt, betont die vertikalen Linien des repräsentativen Gebäudes. Das Bauwerk wurde denkmalgerecht saniert und modernisiert. 2006 erhielt der Innenhof eine Überdachung. Seitdem sind hier aktuelle Berliner Stadtmodelle ausgestellt – montags bis samstags von 10 bis 18 Uhr.

Etagenfabrik » D 245

Rungestraße 2, Wassergasse 3

U Märkisches Museum

52.512453, 13.413253

Architekt: unbekannt (um 1890), Umbau/ Sanierung: Kohn & Partner (2000), Bauherr: Media Consulta Deutschland GmbH

Die unter Denkmalschutz stehende gründerzeitliche Schuhfabrik wurde 1999–2000 denkmalgerecht saniert und in gelungener Form den Erfordernissen eines modernen Medienhauses angepasst. Die dominante Dachaufstockung mit ihren futuristisch wirkenden Glasgeschossen spiegelt die zeitgemäße Nutzung des mehr als einhundert Jahre alten Bauwerks wider: Heute haben in den sieben Geschossen auf etwa 1.200 Quadratmetern unter anderem die renommierte PR-Agentur Media Consulta GmbH mit dem *Medienzentrum Berlin-Mitte* (in drei Etagen) sowie diverse andere in der Medien- und Kommunikationsbranche tätige Firmen ihren Sitz. Bereitgestellt werden auch Produktionsräume für Werbespots, Musikvideos oder Nachrichtensendungen.

U-Bahnhof Märkisches Museum

D 246

U Märkisches Museum
52.512756, 13.411279

Architekt: Alfred Grenander, Sanierung: Ralf Schüler und Ursulina Schüler-Witte, Die Brücke Architekten, BVG (2002), Bauherr: BVG, Land Berlin

Die ersten Bauarbeiten für die 1,7 Kilometer lange Strecke vom Spittelmarkt zum Alexanderplatz begannen im März 1910. Eine besondere Schwierigkeit war die Unterquerung der Spree. Das hatte zur Folge, dass der Tunnel 6,5 Meter unter Straßenniveau liegt und so konnte Alfred Grenander eine große, geräumige und stützenfreie Halle schaffen, die an die Pariser Metro-Bahnhöfe erinnert. Nach langer Vernachlässigung wurde zum 750-jährigen Stadtjubiläum Berlins 1987/1988 ein Sanierungsprogramm für die innerstädtischen Bahnhöfe aufgesetzt. In Anlehnung an die Funktion des Märkischen Museums wurde der Bahnhof mit dem Thema »Berliner Stadtgeschichte« ausgestaltet. Der Künstler Jo Doese fertigte Materialcollagen, Karl-Heinz Schäfer und Ulrich Jörke konzipierten 24 Stuckreliefs, Ingrid Bartmann-Kompa wählte passende Zitate aus. 1999 begann die BVG mit einem erneuten Umbau, bei dem ohne Zustimmung des Denkmalschutzes sämtliche Fliesen abgeschlagen wurden. Nachträglich einigte man sich auf eine denkmalgerechte Sanierung. Dabei wurden alle Fliesen originalgetreu nachgebrannt, eine Beleuchtungsanlage und ein Aufzug installiert und die Wandcollagen aufgefrischt. Neben dem Bahnhof Klosterstraße ist dies einer der sehenswertesten U-Bahnhöfe Berlins.

Art'otel Ermelerhaus

D 247

Wallstraße 70–73/
Märkisches Ufer 12
U Märkisches Museum

Architekt: vermutl. Friedrich Wilhelm Diterichs (1760–1763); Klaus Pöschk, Ernst Volk, Joachim König (1967), Umbau/Sanierung: Johanne Nalbach (1997), Bauherr: Silvia Gädicke

Der heute als *Ermelerhaus* bekannte Bau stand ursprünglich in der Breiten Straße in Alt-Cölln. 1967 wurde er im Zusammenhang mit der Neubebauung der Fischerinsel an das Märkische Ufer umgesetzt. 1994–1997 erfolgten die Restaurierung des denkmalgeschützten Hauses und eine Erweiterung um den minimalistischen Hotelanbau *Art'otel* an der Wallstraße. Städtebauliche

Grundidee war es, die kleinmaßstäbliche Struktur der historischen Blöcke in neuer Form an der Fassade erlebbar zu machen. So nimmt die Außenhülle des neuen Gebäudes in drei Bildfeldern, unterschieden in Material und Struktur, die ehemalige Parzellenstruktur auf. Das Ineinandergreifen von Innen und Außen, Neubau und Bestand ist Teil der architektonischen Gesamtgestaltung. Die Eingangshallen beider Bauten sind über eine axial angelegte Raumfolge so miteinander verwoben, dass sich der Blick von der zweigeschossigen Halle an der Wallstraße durch den überdachten historischen Innenhof (jetzt Frühstücksraum) und das verglaste Portal des *Ermelerhauses* zum gegenüberliegenden Ufer öffnet. Das Interieur der 109 Zimmer, Suiten und Apartments wurde eigens für das Hotel entworfen und durch Möbelklassiker ergänzt.

Masterplan Büro- und Wohnhäuser

U *Märkisches Museum*

Noch Anfang der Neunzigerjahre war in diesem Bereich der städtebauliche Raum kaum zu erkennen: Hier, direkt an der Mauer, gab es mehr Lücken als Bauten. In Verhandlungen mit den Investoren wurde die Wiederherstellung der historischen Straßenlinie und Parzellenbebauung sowie zugleich die Forderung nach Wohnungen durchgesetzt. Auch wenn aus heutiger Sicht ein Wohngebäude recht hoch geraten ist, ist das als Erfolg zu bezeichnen. Die einseitig geschlossene Straßenstruktur der Alten Jakobstraße bildet ein angenehmes Vis-à-vis zu der offenen »Gartenstadtbebauung« des Heinrich-Heine-Viertels auf der gegenüberliegenden Seite. Hier ließ die Concordia Bau- und Boden AG 1994–1996 mehrere Bürogebäude errichten, mit Fassaden in schlichter Eleganz, einer modernen Ausstattung und Tiefgaragen sowie einem den Mieterbedürfnissen entsprechenden Innenausbau der Büroflächen. Auch die neu gebauten Wohnhäuser zeigen Elemente aus Naturstein und Aluminium sowie großzügige Verglasungen. Die zentrumsnahe Lage, verknüpft mit der verkehrsberuhigten Situation und den vielen Grünanlagen in der Umgebung, haben diesen Standort zu einer gefragten Wohngegend werden lassen. Das Gebäude der Techniker Krankenkasse, ein Stahlbetonbau mit einer Fassade aus Glas und hellem Naturstein, schließt den Straßenraum der Alten Jakobstraße ab. Der nach hinten gefächerte Dachaufbau und größere Fenster betonen den mittleren Gebäudeteil und dessen vertikale Linien. Der Eingangsbereich ist hinter Pfeilern zurückgesetzt.

Büro- und Wohnhaus D 248

Alte Jakobstraße 76–77
Architekt: Planungs-AG für Bauwesen Neufert, Mittmann, Graf & Partner (1996)
Bauherr: Concordia Bau- und Boden AG

Büro- und Wohnhäuser D 249

Alte Jakobstraße 78
Architekt: Planungs-AG für Bauwesen (1996)
Bauherr: Concordia Bau- und Boden AG

Büro- und Wohnhäuser D 250

Alte Jakobstraße 79–80
Architekt: Planungs-AG für Bauwesen (1996)
Bauherr: Concordia Bau- und Boden AG

Büro- und Geschäftshaus der Techniker Krankenkasse D 251

Alte Jakobstraße 81–82
Architekt: Walter Krüger (1997)
Bauherr: Techniker Krankenkasse

Büro- und Wohnhäuser D 252

Alte Jakobstraße 83–84
Architekt: Planungs-AG für Bauwesen (1996)
Bauherr: Concordia Bau- und Boden AG

ver.di Bundeszentrale D 253

Paula-Thiede-Ufer 10
S Ostbahnhof
52.508916, 13.428319

Architekt: Kny & Weber Architekten, WSSA Wörle-Siebig Strauch Architekten (2004), Bauherr: A.L.E.X.-Bau GmbH, Kilian Projektmanagement Berlin GmbH

Von der Einweihung des markanten Backstein-Glas-Hofs im *Spreeport* im Jahr 2004 haben viele profitiert: Das sich eher schleppend entwickelnde südliche Spreeufer erhielt ein lebendiges Gebäude mit Leuchtturmfunktion, das für einfallsreiche Rekonstruktionen bekannte Architekturbüro Kny & Weber hatte endlich einen ausgewachsenen Neubau im Portfolio und ver.di verfügt seitdem über eine der exponiertesten Berliner Verbandszentralen. Die Dienstleistungsgewerkschaft hatte sich von ihren Mietbüros im Kopfgebäude der *Park Kolonnaden* am Potsdamer Platz verabschiedet, um Kosten zu sparen und die Verschmelzung ihrer fünf Vorgänger zu beschleunigen. Hier nun hält sie 85 Prozent der fast 50.000 Quadratmeter als Eigentümerin. Zugleich entstanden die ersten 85 Meter Promenade an diesem Flussabschnitt. Im Rahmen des Spreeport-Projekts sind westlich des neuen Gewerkschaftsbaus weitere Uferbauten von ähnlicher Dimension geplant.

Umspannwerk ≫ D 254

Alte Jakobstraße 91
U Spittelmarkt
52.509126, 13.406455

Architekt: Franz Heinrich Schwechten (1905), Hans Heinrich Müller (1925), Umbau/Sanierung: Schmalz & Galow (1998), Bauherr: Bewag

Der letzte historische Bau im kriegszerstörten Abschnitt der Alten Jakobstraße, zwischen Neuer Roßstraße und Kommandantenstraße, ist das ehemalige Ab- und Umspannwerk (heute ein Verwaltungsgebäude). Die Fassade ist im Sockelbereich mit Basaltlava, darüber mit roten und grün lasierten Backsteinen, Naturstein und Putzbändern verkleidet und durch Pfeiler gegliedert. 1998 wurde das Haus saniert und erhielt einen einfach strukturierten Anbau. Die angegriffene Tragfähigkeit führte zum Einbau eines »Hauses im Haus« aus Stahlbeton.

Deutsches Architekturzentrum ≪ D 255

Köpenicker Straße 48/49
S Ostbahnhof
52.509279, 13.423289

Architekt: unbekannt (Anfang 20. Jh.), Sanierung/Anbau: Assmann, Salomon und Scheidt, Anderhalten Architekten, Ingenieurbüro BGS (1996), Bauherr: EGKS2 Erwerbsgemeinschaft Köpenicker Straße

Sie haben Mut bewiesen. Gleich Anfang der Neunzigerjahre kaufte eine Gemeinschaft von Architekten die alte Fabrik, sanierte und ergänzte sie mit modernen Gestaltungselementen und gründete das *Deutsche Architekturzentrum* (DAZ). Die erhoffte Entwicklung des Gebiets dauert heute noch immer an. In kongenialer Weise vereint das Gebäude historische Baukunst mit moderner Architektur: Beim Umbau wurden Maß und Struktur des gründerzeitlichen Gewerbehofs aufgenommen und in den neu erbauten Kämmen berücksichtigt. Die angesetzten Neubauten verbinden den gesamten Komplex mit dem Spreeufer. Strukturierende Fassadenelemente des Altbaus wurden in moderne Gestaltungsformen übertragen und in Sichtbeton umgesetzt. Feingliedrige fünfgeschossige Stahl-Fluchttreppen zeigt die Nordwand, deren Gestaltung an der Spreeuferbebauung orientiert ist. Ein neu aufgesetztes Geschoss mit einer luftigen Stahldachkonstruktion und bester Aussicht vereint alte und neue Gebäudeteile, Wohnen und Arbeiten miteinander.

Engelbecken –
Luisenstädtischer Kanal

D 256

U *Heinrich-Heine-Straße*
52.506275, 13.418630

Architekt: Peter Joseph Lenné (1848–1852), Erwin Barth (1926–1932), Sanierung: Horst Schumacher, Claus Herrmann (2006), Bauherr: Bezirksamt Mitte, Gartendenkmalpflege

1848–1852 wurde der Luisenstädtische Kanal mit dem Engelbecken nach den Plänen von Peter Joseph Lenné im Rahmen einer Arbeitsbeschaffungsmaßnahme ohne größere technische Hilfsmittel von rund 5.000 Arbeitern angelegt. Er stellte die Verbindung zwischen der Spree und dem Berlin-Spandauer Schifffahrtskanal her und sollte als Transportweg für Baumaterial sowie der Stadtentwässerung dienen und die Überschwemmungen der Spree kanalisieren. Aber das Gefälle war zu gering, es soll fürchterlich gestunken haben und außerdem erwies sich der Kanal als unwirtschaftlich. Als er knapp 80 Jahre später stillgelegt und teilweise mit dem Aushubmaterial der heutigen U-Bahn-Linie 8 zugeschüttet wurde – ironischerweise auch diesmal als Arbeitsbeschaffungsmaßnahme –, sah Stadtgartendirektor Erwin Barth, ganz im Sinne von Lenné, darin ein Potenzial für wohnortnahes Grün in der dicht bebauten Luisenstadt. Es entstand daraufhin ein Kleinod mit zehn verschiedenen Themengärten und dem Engelbecken mit 16 Fontänen, die nachts angeleuchtet wurden. Nach 1945 wurde hier Trümmerschutt gelagert, nach 1961 das Gelände dann endgültig zugeschüttet und zum Todesstreifen planiert. In Ost und West aber gab es noch immer Bewohner, die davon träumten, dass irgendwann das Engelbecken und der alte Park wiederentstehen könnten. Als 1990 in kurzer Frist die Mauer verschwand, holten sie die alten Pläne hervor. Aber die Verkehrsplaner glaubten endlich die Träume von der »autogerechten Stadt« verwirklichen zu können; schließlich hatte es in den Fünfzigerjahren die Idee gegeben, hier eine Autobahn zu bauen. Noch 1990 wurden, fast

einem Handstreich gleich, Kaiserlinden – die gleichen Bäume, mit denen auch Lenné den Kanal gesäumt hatte – gepflanzt; sie markieren sichtbar die alte Anlage. Probebohrungen zeigten, dass die Kaimauern und die Gartenanlagen nur wenig beschädigt worden waren, sogar Vegetationsreste waren noch zu finden. Ab 1991 wurde die Grünanlage unter der Leitung des Büros Schumacher wiederhergestellt – wiederum mithilfe von Arbeitsbeschaffungsmaßnahmen. Das ausgebaggerte Engelbecken hat sich selbstständig wieder mit Grundwasser gefüllt. Stück für Stück wurden die Stützmauern saniert und Pergolen angelegt, ein Garten nach dem anderen ist nach historischem Vorbild und heutigen Ansprüchen wiederhergestellt worden: der *Rosengarten*, der *Immergrüne Garten* und der *Waldpflanzengarten* (2004 durch die großzügige Spende von Otto Beisheim verwirklicht). Im *Rosengarten* wurde 1995 der Indische Brunnen in enger Anlehnung an das historische Vorbild durch Gerald Matzner rekonstruiert. Seit Juni 2004 sprudelt im angrenzenden Engelbecken eine mehr als acht Meter hohe Wasserfontäne. Möglich wurde dies durch eine Initiative der Anwohner und Gewerbetreibenden im Kiez. Mithilfe von Denkmalpflegemitteln konnte nach zweijähriger Umgestaltung das Engelbecken 2007 wieder in seiner ursprünglichen Form der Öffentlichkeit übergeben werden. Die 16 Fontänen sprudeln wie einst in zwei Achterreihen empor, allerdings nicht in voller Höhe und nur zu festgelegten Zeiten, um Lärmbelästigungen auszuschließen. Ein teilweise mit Rosenbögen überspannter Rundweg, schmale Liegewiesen am Beckenrand und ein Café laden zum Verweilen ein. Die Grundstücke an der westlichen Seite des Engelbeckens befanden sich in der Hand des Bundes und wurden nicht restituiert; die Alteigentümer mussten sie, wenn auch zu einem niedrigeren Preis, käuflich erwerben. Aber die schrittweise Wiederherstellung des Luisenstädtischen Kanals und des Engelbeckens hat die Qualitäten dieses Ortes erwiesen. Den Abschluss der Gesamtanlage bildet der Abschnitt an der Köpenicker Straße.

Heizkraftwerk Mitte D 257

Köpenicker Straße 59–73
U Heinrich-Heine-Straße
52.510128, 13.420194

Architekt: Dietrich Zimbal (1962), Umbau: Jochem Jourdan, Bernhard Müller (1996), Bauherr: Bewag, Berliner Kraft- und Licht-AG

Berlin hat eine lange Tradition im Kraftwerksbau. Dieser muss man sich stellen, wenn man heute ein neues Kraftwerk baut. Es ist kein kleines Gebäude, das hier als Ersatz für das in den Sechzigerjahren entstandene Heizkraftwerk Mitte errichtet worden ist; vielmehr ist es städtebaulich dominant in seiner Lage an der Spree, im Schnittpunkt unterschiedlicher Verkehrsströme. Für die Architekten war es wesentlich, dass die Architektur nicht zur Dekoration des Funktionalen wird. Die Gebrauchsfähigkeit gegenüber Funktion und Ort stellten für sie die erste Voraussetzung dar. Innerhalb von zwei Jahren wurde bei laufendem Kraftwerksbetrieb das modernste innerstädtische Heizkraftwerk Europas errichtet. Die Fassade aus gebranntem Klinker zeigt deutliche Bezüge zur Berliner Bautradition: Dunkelrote Steine bestimmen in ihrer ruhigen Farbigkeit die Atmosphäre, die klaren, strengen Linien betonen den industriellen Charakter der Anlage. Der treppenartig angelegte, sich bis zum Spreeufer erstreckende Bau ist durch eine deutliche Trennung der einzelnen Funktionsbereiche gekennzeichnet. Diese finden in drei langen Tonnengewölbeschiffen und in der Leitwarte Platz. Zwei 100 Meter hohe Schornsteine krönen das Kraftwerk. In Fortschreibung der architektonischen und städtebaulichen Idee und bezugnehmend auf den Ort besetzt ein Kunstprojekt den öffentlichen Raum an den wichtigsten Stellen, insbesondere an der neu entstandenen Uferpromenade. Unter der Leitung von Prof. Kasper König arbeiteten hier die Künstler Franz Ackermann (Wandfries im Foyer des Verwaltunsgebäudes), Thomas Bayrle (»Wandzeitung«), Ayse Erkmen (mit Abwärme beheizte Bänke), Dan Graham (begehbarer Pavillon), Per Kirkeby (Klinkermauer) und Ulrich Wüst (Bildband). Die Kraftwerksanlage versorgt den Stadtteil Berlin-Mitte mit Energie und erscheint wie dieser nachts als lichte Materie.

Der neue Tresor

D 258

Köpenicker Straße 59–73
U Heinrich-Heine-Straße
52.510128, 13.420194

Architekt: Burkhard Blaschke (2007), Bauherr: Vattenfall, Dimitri Hegemann

Dimitri Hegemann gründete 1991 den weltbekannt gewordenen Technoclub *Tresor* in der Leipziger Straße 126a. Alles, was in der DJ-Szene Rang und Namen hat, legte dort zwischen Stahlgittern und Schließfächern auf. Mit dem Bau eines Bürohauses im Jahr 2005 musste der Club schließen und es begann die Suche nach einem neuen Domizil. Hegemann fand das in den Sechzigerjahren erbaute und inzwischen leer stehende Heizkraftwerk Mitte und war fasziniert von dieser Industrieruine in der Form und den Ausmaßen eines modernen Doms. Nur acht Prozent der Fläche sind vom neuen *Tresor* besetzt. Der legendäre Club wurde im Keller mit den Originalteilen der alten Location, die in das Heizkraftwerk geschafft wurden, eins zu eins nachgebaut. In der großen Halle ist ein Zentrum für verschiedene zeitgenössische Ausdrucksformen geschaffen worden: Neue Musik, mediale Kunst, Mode, ein Ort der Stille. Hegemann: »Das ehemalige Heizkraftwerk Mitte ist ein Gebäude von hoher Spiritualität. Es soll ein magischer Ort sein, der die Menschen in eine andere Welt entführt.«

Wohnhäuser Ohmstraße

D 259

Ohmstraße 4–7
U Heinrich-Heine-Straße
52.511962, 13.418427

Architekt: diverse, Bauherr: diverse

Kaum mehr als zehn Meter breit, ist die Ohmstraße eine der schmalsten Gassen außerhalb der mittelalterlichen Kernstadt von Berlin. Ihre Gestalt geht auf das letzte Viertel des 19. Jahrhunderts zurück. Gemäß der Bauordnung von 1853 durften die Fassaden nicht höher werden als die Straße breit ist. Folglich zeigen die Schauseiten hier nur drei Stockwerke. Um die Grundstücke gleichwohl optimal auszunutzen, gerieten die hinteren Trakte der Vorderhäuser höher und auch die Seitenflügel und Quergebäude in den Höfen zählen mindestens vier Geschosse. Im Zweiten Weltkrieg trug das Ensemble besonders starke Schäden davon. Befördert durch die ungewöhnliche Typologie sowie durch die Lage zwischen dem neuen Heizkraftwerk Mitte und den Neubaugebieten vor der Grenze zu West-Berlin fristete die Ohmstraße in der Nachkriegszeit ein Schattendasein. Noch Mitte der Neunzigerjahre gab sie ein nahezu perfektes Bild vom Berlin der »Stunde Null« ab. Trotz der heterogenen Eigentums- und Planungsverhältnisse können die Restaurierungen durchweg als mustergültig gelten. Im Vergleich zu den anderen Quartieren Berlins besitzt die altstädtische Gasse einen Exotenbonus, der die Nachteile des nahen Kraftwerks mehr als wettmacht. Tatsächlich ist die Lage derart begehrt, dass die Wohnungen zu überdurchschnittlichen Preisen vermietet werden – sofern sich diese Nutzung überhaupt gegenüber dem Gebrauch als Büro behaupten kann.

Josetti Höfe

D 260

Brückenstraße 5-6a,
Rungestraße 22-25
U Heinrich-Heine-Straße

Architekt: Bauherr Kreslowsky (1907), Sanierung/Umbau: Dickel und von Salm (1994), Bauherr: VEBAU GmbH

Die Rungestraße zählt zu den ältesten Straßen in der Luisenstadt. Früher trug sie den Namen Wassergasse; sie erinnert an den ursprünglichen Verlauf des Uferwegs an der Spree. Das Areal nördlich der Straße wurde erst im 18. Jahrhundert angelegt. Im Jahr 1907 erfolgte dann die Bebauung der Grundstücke mit zwei sich bis zur Spree erstreckenden Gewerbegebäudekomplexen mit vier Höfen. Diese haben eine recht wechselvolle Nutzungsgeschichte: So beherbergten sie diverse Holz- und Metallverarbeitungsbetriebe, Verlage, die Zigarettenfabrik Josetti (bis 1952), ein Dokumentarfilmstudio, Teile des DDR-Kombinats für Büromaschinen und -technologie Robotron sowie zuletzt die Senatsverwaltung für Finanzen. Die lang gestreckte Fassade der vier- bis fünfgeschossigen Anlage ist durch Risalite, eine vertikale Gliederung mittels Lisenen und Pilaster sowie sparsam eingesetztes Jugendstildekor geprägt. In zwei Höfen sind die historischen weiß-grün glasierten Ziegelverblendungen der hofseitigen Fassaden erhalten geblieben. Die denkmalgeschützte Gewerbehofanlage wurde saniert und bietet seit 2004 über 230 gewerblichen Mietern aus der Medien-, Kunst- und Designbranche Platz sowie Wohnungsmietern ein außergewöhnliches Domizil.

Wohn- und Geschäftshaus

D 261

Ohmstraße 8
U Heinrich-Heine-Straße
52.,512109, 13.418409

Umbau/Sanierung: Projektgemeinschaft Egger und von Schwarzer (2001), Bauherr: Manfred Wolff

In diesem Umbau lebt der ruinöse Charakter fort, der die Ohmstraße einst auszeichnete. Von dem schmalen Vorderhaus aus dem 19. Jahrhundert hatte kaum die Hälfte den Zweiten Weltkrieg überstanden. Dieser Teil erstrahlt nach der Restaurierung prächtiger denn je. Die ergänzte Erschließung sowie die neuen Obergeschosse übernehmen 1:1 die alte Ordnung, sind aber derart schlicht ausgeführt, dass kein Zweifel über ihren modernen Ursprung aufkommt.

Chinesische Botschaft ≈

D 262

Brückenstraße 1
Märkisches Ufer
S U *Jannowitzbrücke*

Architekt: Jens Ebert (1988), Umbau/Sanierung: Novotny Mähner Assoziierte (2001), Bauherr: Botschaft der Volksrepublik China

1999 kaufte die Volksrepublik China das Haus des Freien Deutschen Gewerkschaftsbundes. Im DDR-Volksmund war es nach dem FDGB-Vorsitzenden »Tischkasten« genannt worden. Bis 2001 wurde der mächtige Baukörper mit der typischen Waschbetonfassade umgebaut. Die mit Aluminium verkleidete Fassade hat verspiegelte Fenster und soll Ausdruck der Modernität der chinesischen Gesellschaft sein, ergänzt durch künstlerische, der chinesischen Kultur entnommene Zusätze. Bei der Ausgestaltung im Inneren ist es gelungen, eine dynamische Verbindung aus chinesischer Kunst und Achtzigerjahre-Stil zu schaffen.

Jannowitzcenter ≈

D 263

Brückenstraße 5–6
S U *Jannowitzbrücke*
52.512541, 13.417413

Architekten: HPP Hentrich, Petschnigg & Partner (1997), Bauherr: Rungestraße BV, VEBAU GmbH

Die Brückenstraße ist eine der engsten und am meisten befahrenen Straßen in Mitte. Anfang der Neunzigerjahre standen hier noch diverse kleinere Wohnhäuser aus dem Ende des 18. Jahrhunderts. Trotz kleinster Wohnungen, Außentoiletten und eines schlechten baulichen Zustands waren alle Gebäude bewohnt. Der Neubau nimmt zwar die alte Parzellenstruktur auf, mit seinem gebogenen Flugdach, der Kombination aus Glas, Farbe und Stahl sowie dem schräg auskragenden Kopfbau verweist er aber auf seine Entstehungszeit. Heute arbeiten hier unter anderem Mitarbeiter der Senatsverwaltung für Stadtentwicklung.

und Markierungen prägen ebenso das Bild des Parks wie die Überbleibsel der Mauergeschichte. Die Architekten verstanden ihren Entwurf als eine »große Wiese am Nordbahnhof«, sie berücksichtigten dabei sowohl die natürlichen Vegetationsstrukturen als auch die vorhandenen Relikte der historischen Schichten des Bahnhofs und des ehemaligen Grenzstreifens. So wurden unter anderem die Reste der Hinterlandmauer und der Postenweg saniert. Zugleich stehen den Passanten gestaltete Spiel- und Erholungsflächen zur Verfügung. Im Zuge der Diskussion um das Mauergedenken wurde der Park als ein wichtiger Bestandteil in das Gesamtkonzept einbezogen. Auf die ursprünglich geplanten Sportanlagen wurde verzichtet; ein Aussichtsturm soll errichtet werden, der den Blick über den Park und den ehemaligen Grenzstreifen an der Bernauer Straße freigibt.

Park am Nordbahnhof A 264
Nordbahnhof
S Nordbahnhof
52.535960, 13.382591

Architekt: Fugmann Janotta (2007), Bauherr: Bezirksamt Mitte, Grün Berlin Park und Garten GmbH

Die neue Grünanlage am Nordbahnhof erstreckt sich im Stadtraum um den ehemaligen Stettiner Bahnhof – eine rund fünf Hektar große, naturnah und zugleich urban gestaltete Parkanlage mitten im Zentrum von Berlin. Die erhöhte Lage ermöglicht eindrucksvolle Blicke auf den Fernsehturm, die Neue Synagoge und die Dächer der Rosenthaler und der Spandauer Vorstadt. Relikte der Anlagen des Stettiner Bahnhofs mit rostigen Gleisen, Weichen, Pflasterungen, Fundament- und Tunnelresten, Rampen

Bundesnachrichtendienst A 265
Chausseestraße 95–97
U Schwartzkopffstraße
52.536122, 13.375889

Architekt: Jan Kleihues / Kleihues + Kleihues, Bauherr: Bundesamt für Bauwesen und Raumordnung

Im Jahr 2014 möchte der Bundesnachrichtendienst von Pullach nach Berlin ziehen. Lange wurde um den Standort gerungen. Eigentlich hätte sich die Heidestraße angeboten: ein großes brachliegendes Areal direkt am Regierungsviertel, aber durch Bahntrassen und den Landwehrkanal an einer städtischen Entwicklung gehindert. Aber es kam kein Vertrag zustande zwischen Bahn und Bund. Da bot das Land Berlin die Chausseestraße an. Viele Nutzungen und Planungen hatte es schon auf diesem Gelände gegeben. Bis zum Zweiten Weltkrieg war es der Exerzierplatz der in der Chausseestraße befindlichen Garde-Füsilier-Kaserne. 1950 bauten dann Selman Selmanagic und Reinhard Lingner hier das Walter-Ulbricht-Stadion, später *Stadion der Weltjugend*. Dabei wurde ein großer Teil des abgerissenen Berliner Stadtschlosses als Auffüllschutt für die Tribünen verwendet. Das Stadion war Austragungsort für Leichtathletikwettkämpfe, Fußballspiele und diente auch

politischen Großveranstaltungen – am bekannstesten sind wohl die *Weltfestspiele der Jugend und Studenten* 1951 und 1973. Bevor es unter Denkmalschutz gestellt werden konnte, war es abgerissen als Zeichen für den Willen Berlins, die Olympischen Spiele 2000 auszurichten. Eine Mehrzweckhalle sollte hier entstehen. Doch Olympia kam nicht nach Berlin, sondern ging nach Sydney; stattdessen wurden ein Fußballplatz und ein Golffeld platziert sowie ein innerstädtisches Wohngebiet geplant. Aber die Neunzigerjahre waren noch nicht reif für Wohnen in diesem Ausmaß in der Stadt. So bot es sich für das Land Berlin an, den BND an diesen Ort zu locken. Nun entsteht auf dem etwa zehn Hektar großen Gelände ein Neubau mit etwa 250.000 Quadratmetern Bruttogeschossfläche für rund 4.000 Mitarbeiter. Mit seinen gut 30 Metern bleibt das Hauptgebäude unterhalb der Höhen im Bebauungsplanentwurf, allerdings acht bis zehn Meter über der in der Umgebung üblichen Gebäudehöhe. Durch die Konzentration der Bauten an den Seitenstraßen und am zentralen Eingangsbereich werden großstädtische, baumbestandene Freiräume an der Chausseestraße gewonnen, die dem riesigen Baukörper eine noble Distanz zur Straße gewähren. Diese Freiflächen sind im Gegensatz zum rückwärtigen Pankepark nicht öffentlich zugänglich, stellen aber einen Versuch dar, die Anlage harmonisch in ihr Umfeld einzufügen. Die Fassadenkomposition beruht auf stringenter Einhaltung eines konstanten Rhythmus. Durch minimale Variationen im Material und in dessen Zuschnitt changieren die Ansichten zwischen den einzelnen Flügeln. Der innere Aufbau des Komplexes, die Erschließung, die funktionelle Zuordnung und die Organisation der Räume sind klar und einfach.

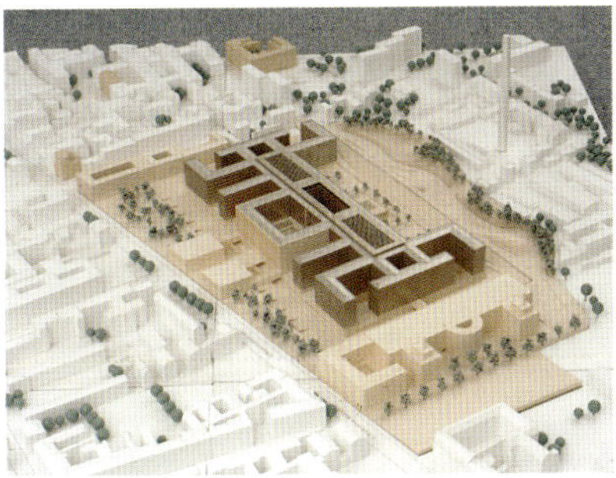

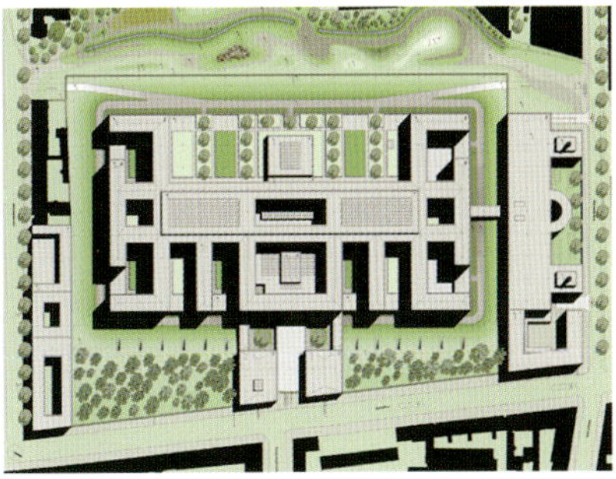

Museum für Naturkunde A 266

Invalidenstraße 43
U Naturkundemuseum
52.530607, 13.377754

Architekt: August Tiede (1889), Umbau: Diener & Diener (Ausstellungssäle, 2007; Wiederaufbau Ostflügel, 2010), Bauherr: Humboldt-Universität zu Berlin

Das Museum für Naturkunde, gegenüber dem Platz vor dem Neuen Tor gelegen, entstand zwischen 1883 und 1889 als eine dreiflügelige, nach Norden hin offene Anlage. Die Fassade des zur Invalidenstraße gerichteten Kopfbaus erhielt ein imposantes Portal mit stilistischen Anklängen an Barock und Renaissance. 1917 wurde das Karree durch einen Quertrakt geschlossen. Seither dient der überdachte Lichthof als Ausstellungshalle für Saurierskelette. Nach dem Umbau und einer Sanierung wurden im Sommer 2007 vier der Ausstellungssäle einschließlich des Sauriersaals neu eröffnet. Der im Zweiten Weltkrieg bei einem Bombenangriff zerstörte Ostflügel wurde sensibel rekonstruiert und im Jahr 2010 als modernes Sammlungsarchiv für die mehr als 250.000 in Alkohol konservierten Tierpräparate des Museums eingeweiht.

Ministerium für Verkehr, Bau und Stadtentwicklung A 267

Invalidenstraße 44

U *Naturkundemuseum*

Architekt: August Tiede (1878), Max Dudler (2006), Umbau: Gerber Architekten (2006), Bauherr: Bundesamt für Bauwesen und Raumordnung

Sitz des Bundesbauministeriums ist der restaurierte Altbau der ehemaligen Preußischen Geologischen Landesanstalt in der Invalidenstraße, ergänzt durch einen schlichten Neubau. Vor 1990 war hier das DDR-Ministerium für Geologie untergebracht. Der Altbau mit seiner repräsentativen Gestaltung, den großzügigen Proportionen, klaren Grundrissen und eleganten Treppenhäusern wurde denkmalgerecht saniert. Die häufige Nutzung für Veranstaltungen erforderte die Überdachung des weiten Lichthofs mit einem doppelten Umgang. In den Erweiterungsbauten sind Büros und Konferenzräume untergebracht. Das erste Gebäude ist ein würfelförmiger Körper mit einem innenseitigen quadratischen, offenen Innenhof. Das zweite Haus definiert die Ecke Schwarzer Weg/Habersaathstraße. Erstaunlich, dass die Neubauten bereits 2007 saniert werden mussten.

Invalidenpark A 268

Invalidenstraße

U *Naturkundemuseum*

52.528888, 13.376668

Architekt: Peter Joseph Lenné (1843), Neugestaltung: Christophe Girot (1998), Bauherr: Bezirksamt Mitte, Grün Berlin Park und Garten GmbH

Das heute etwa 2,5 Hektar umfassende Areal gehörte im 18. Jahrhundert zum Gebiet des Invalidenhauses für Kriegsversehrte. 1843 entstand aus den sogenannten Bataillonsgärten nach Plänen von Peter Joseph Lenné ein öffentlicher Park. Nach den Zerstörungen des Zweiten Weltkriegs und dem Bau der Mauer wurde der Bereich in die Grenzanlagen integriert. Hier stand einer der berühmten »Ausziehpavillons« mit einem Intershop. Christophe Girot, Gewinner des 1992 ausgeschriebenen internationalen Wettbewerbs, gab dem Areal eine neue Form und schuf mit dem Invalidenpark einen repräsentativen Stadtplatz. Der alte Baumbestand wurde bewahrt, jedoch verzichtete Girot bewusst auf eine Rekonstruktion der Landschaftsgestaltung Lennés. Zentrum ist ein Wasserbecken mit einer begehbaren Granitwand, die an die im Zweiten Weltkrieg zerstörte Gnadenkirche erinnern soll.

Invalidenfriedhof A 269

Scharnhorststraße
U *Naturkundemuseum*
52.532011, 13.371146

Architekt: unbekannt (1748), Restaurierung: Straßen- und Grünflächenamt/Gartendenkmalpflege (1992–2003), Bauherr: Bezirksamt Mitte, Land Berlin, Förderverein Invalidenfriedhof

Der unter Friedrich II. entstandene Invalidenfriedhof zählt zu den ältesten Berliner Friedhöfen. Während der deutsch-deutschen Teilung wurde am Berlin-Spandauer Schifffahrtskanal auf dem Friedhofsgelände die Mauer gebaut: Einstige Mauersegmente sind 2003 saniert worden und heute am hier verlaufenden Mauerweg zu besichtigen. Für die Restaurierung der Anlage setzt sich seit 1992 der *Förderverein Invalidenfriedhof* ein.

Stadthäuser A 270

Scharnhorststraße 4
U *Naturkundemuseum*
52.532634, 13.372001

Architekt: Nottmeyer & Reccius (ab 2007), Bauherr: Meermann Chamartín

Die Zeile zum künftigen Grünzug steht bereits: Auf großen Lagerflächen zwischen Scharnhorststraße, Heizkraftwerk und Südpanke entstehen insgesamt gut 50 Reihenhäuser. Ulrike Reccius und Jürgen Nottmeyer entwarfen drei- bis viergeschossig ausbaubare Eigentumseinheiten im schlichten Stil der Spätmoderne. Die sogenannten Townhouses verfügen allesamt über markante Fassaden aus dunkelviolettem Klinker, Terrassen, integrierte Garagen, Wohnflächen von 154 beziehungsweise 192 Quadratmetern sowie Raumhöhen bis zu 3,50 Meter.

Wachturm

A 271

Kieler Straße 2
U Schwartzkopffstraße
52.458648, 13.323012

Bauherr: Jürgen Litfin

Der am Berlin-Spandauer Schifffahrtskanal gelegene, in einem vergleichsweise guten baulichen Zustand erhaltene Wachturm der Führungsstelle Kieler Eck steht seit 1995 unter Denkmalschutz. Er ist einer von drei Wach- und Beobachtungstürmen der innerstädtischen Grenze, die erhalten geblieben sind. Seit dem Jahr 2003 beherbergt der Wachturm eine Gedenkstätte für den ersten DDR-Flüchtling, der an der Berliner Mauer getötet wurde. Günter Litfin, damals 24 Jahre alt, wurde am 24. August 1961 im Humboldthafen von Angehörigen der DDR-Transportpolizei erschossen.

Stadthäuser

A 272

Kieler Straße 20–24
U Schwartzkopffstraße
52.533394, 13.368944

Architekt: Behzadi + Partner Architekten BDA (2010), Bauherr: Agromex GmbH & Co. KG

Dieses Projekt markiert die Urbanisierung beiderseits des Berlin-Spandauer-Schifffahrtskanals, in deren Rahmen auch eine neue Brücke geplant ist. Der Schauplatz liegt am Rand des Südpanke-Parks, unmittelbar am Nordhafen-Vorhaltebecken. Nachdem die Kieler Straße 20–24 bis zum Zweiten Weltkrieg bebaut gewesen war, wandelte sich die Nordwestspitze von Mitte später vom Grenzland zur Brache. Für die elf neuen Reihenhäuser qualifizierte sich der Leipziger Architekt Anuschah Behzadi in einem Gutachterverfahren. Er entwarf modernistische Baumodule, deren Außenflächen mit dunklem Klinker, Holz und Grünspan bekleidet und nur zum geringsten Teil verputzt sind. Die jeweils 375 bis 510 Quadratmeter Wohnfläche folgen Adolf Loos' Raumplan: Die Ebenen greifen ineinander und bilden doppelt hohe Zimmer. Weitere Kunstgriffe sind Sichtmauerwerk, ein zweiseitig offener Kamin, ein klimatisierter (Wein-)Keller, eine Sauna an der Dachterrasse und die beheizte Garagenzufahrt. Die Klimatisierung nutzt Erdwärme und Sonnenkollektoren, die computergesteuerte Haustechnik offeriert Zentralstaubsauger und Flüssigkristallfenster, die klare Scheiben auf Knopfdruck in Milchglas verwandeln. Alles in allem eine Bebauung, die in Berlin gegenwärtig zu den exquisitesten ihrer Art zählt.

Volkspark Weinbergsweg

B 273

Veteranenstraße/Brunnenstraße/ Weinbergsweg/Fehrbelliner Straße
U *Rosenthaler Platz*

Architekt: Helmut Kruse (1956), Sanierung: atelier von Geisten, Bezirksamt Mitte (2007), Landschaftsarchitekt: Büro Eckhardt, Bauherr: Bezirksamt Mitte

Nach dem Zweiten Weltkrieg lagen in Berlin ganze Straßenzüge in Schutt und Asche. In den Folgejahren wurden auf vielen Grundstücken, oft in freiwilliger Aufbauarbeit, Parks und Gärten angelegt, um den kriegsgeplagten Berlinern grüne Erholungsbereiche zu schaffen – wie beispielsweise der im Jahr 1952 eingeweihte Englische Garten im Tiergarten, der auf Initiative von General Bourne, Kommandeur der britischen Besatzungstruppen, entstand. Im Ostteil der Stadt wurde 1954–1956 der Volkspark Weinbergsweg auf dem Gelände eines zerstörten Wohnviertels angelegt. Die Konzeption beider Parks ist sehr ähnlich. In zeittypischer Form kombinierten die Gartenplaner in West und Ost – Wilhelm Alverdes beziehungsweise Helmut Kruse – geschwungene Wege und Grünflächen mit streng geometrischen Blumenbeeten. In beide Parks sind einzelne Themengärten integriert (Steingarten, Rosengarten, Formalgarten), wie man sie häufig in Parkanlagen der Nachkriegszeit findet. – Vor 1770 war dieses Areal, eine sanfte Erhebung am Barnim, dem Rand des Urstromtals im Berliner Norden, für Weinanbau genutzt worden. Im 19. Jahrhundert bewirtschaftete die Familie Wollank das Grundstück und errichtete am Weinbergsweg 15 eine Villa mit großem Garten. Ende des 19. Jahrhunderts entstanden hier mehrere Mietshäuser, auf dem Gutsgelände entwickelte sich eine lebendige Theater- und Vergnügungslandschaft. Im Zweiten Weltkrieg wurde der Park teilweise in einen Luftschutz- und Sicherheitsplatz umgewandelt. Nach dem Krieg war der Block zwischen Weinbergsweg und Veteranenstraße fast vollständig zerstört und wurde schließlich im Rahmen des Nationalen Aufbauwerks enttrümmert. Unter Berücksichtigung des alten Baumbestands entstand ein Freizeit- und Erholungspark mit Teich und Liegewiese, Alpinum und Brunnenhof, Themengärten, Spielplatz, Kinderplanschbecken, einer Pergola mit Rosengarten, einer Sandsteinmauer mit Reliefbildern sowie einem Café (Hans Jährig, Max Kowohl, 1958) im Zentrum. In der Mitte des Parks steht die Skulptur *Jüngling* von Theo Balden, an der Brunnenstraße Ecke Veteranenstraße das von Waldemar Grzimek im Jahr 1955 geschaffene Heinrich-Heine-Denkmal. Der Volkspark Weinbergsweg ist eine geschützte Grünanlage. Um dem zunehmenden Drogenhandel im Park entgegenzuwirken, gründete sich 2005 eine Bürgerinitiative. Der Bezirk veranlasste die bessere Beleuchtung und eine Erneuerung des Parks, insbesondere der Themengärten und des Spielplatzes. Die Pavillons sind nun saniert.

Wohn- und Geschäftshaus B 274

Brunnenstraße 192–193
U Rosenthaler Platz
52.530587, 13.399182

Architekt: unbekannt (um 1910), Neubau/ Sanierung: Anne Lampen (2005), Bauherr: Berliner Boden GmbH

Der offene Blockrand wurde 2005 mit einem siebengeschossigen Wohn- und Geschäftshaus über zwei historischen Parzellen geschlossen. Die straßenseitige Lochfassade mit französischen Fenstern ist klar strukturiert, die großzügig verglaste Rückfassade besitzt durchlaufende Balkonbänder. Das um 1910 errichtete Fabrikgebäude im Inneren, von dem noch die beiden Quergebäude und der dreigeschossige verbindende Seitenflügel erhalten sind, ist Zeugnis der Industriekultur des ehemals vorstädtischen Quartiers. Im Zuge der umfassenden Erneuerung wurde die Bausubstanz behutsam für moderne Nutzungen hergerichtet. Elf Gewerbeeinheiten mit Loftcharakter sind hier entstanden. Im Treppenhaus wurden das Geländer und die roten Backsteinziegel der Treppenhauswände restauriert.

Stadtbücherei Mitte B 275

Brunnenstraße 181
U Rosenthaler Platz
52.531873, 13.399125

Architekt: Richard Bloos (um 1909), Sanierung: Renate Abelmann, Walter Vielain (1996), Bauherr: Hanns Rauch

Der gründerzeitliche Gewerbekomplex mit vier Höfen und 8.000 Quadratmetern Nutzfläche wurde nach Plänen von Richard Bloos um 1909 errichtet und dokumentiert die fortschreitende Umwandlung der Brunnenstraße in eine moderne Geschäftsstraße zu Beginn des 20. Jahrhunderts. Der Stahlskelettbau ermöglichte vielfältige Nutzungen. Unter anderem gab es hier eine Schlauch- und eine Möbelfabrik. Seit 1928 existierte im vordersten Flügel auch eine kleine kommunale Bibliothek. Mit der Rückübertragung an den Nachfahren des ehemaligen Besitzers, den Münchner Kunsthandwerker Hanns Rauch, wurde das Fabrikgebäude zeitgemäß umgebaut. So wurden die Etagen neu aufgeteilt und für eine flexible Arbeitsplatzgestaltung ausgerüstet. Die am Standort befindliche kommunale Philipp-Schaeffer-Bibliothek wurde zur Hauptbibliothek des Bezirks auf 2.200 Quadratmeter ausgebaut. Sie umfasst nun alle Erdgeschosse der hinteren drei Fabrikflügel sowie zwei Flügel der ersten Obergeschosse; die Kinderbibliothek nimmt sämtliche Hof- und Gebäudekeller hinter dem ersten Quergebäude ein. Ein Oberlicht sorgt im dortigen Lese- und Vortragsraum für besondere Helligkeit. Für die zentrale Erschließung wurde im dritten Hof ein gläsernes Foyer mit einem begrünten Dach errichtet.

Wohn- und Geschäftshaus mit Restaurant B 276

Bergstraße 22

U *Rosenthaler Platz*

Sanierung: Barbara Ellwardt, Klaus Lattermann (1996), Bauherr: Barbara Ellwardt, Klaus Lattermann

Hinter der Durchfahrt des gutbürgerlichen Wohnhauses öffnet sich ein länglicher Hof und läuft, flankiert von backsteinroten Flügelbauten, auf eine reich geschmückte Schaufassade zu. 1878 entstand das fünfgeschossige Vorderhaus als Mietshaus, zwischen 1860 und 1880 wurden die beiden Wirtschaftsgebäude errichtet. Das unter Denkmalschutz stehende Hofgebäude von 1893/1894 mit neugotischer Backsteinfassade, Portalgiebel, Skulpturenschmuck und dem steil stehenden Gesims wurde als Brauereigebäude errichtet. Hier hatte zunächst die Josty-Brauerei, ab 1910 dann die Bergbrauerei ihren Sitz. Das Baudenkmal ist ein gutes Beispiel für die bewusste architektonische Selbstdarstellung eines Unternehmens. Aber über die Jahrzehnte war sein Charme verloren gegangen. Zum Schluss stand die Brauerei lange leer, hatte kein Dach mehr und aus dem obersten Geschoss wuchsen Bäume. Der Investor wollte die Autos in den Keller und Dienstleister in die Remisen bringen, in der Brauerei sollte neben einem Architekturbüro und einer Wohnung ein Restaurant mit einem Biergarten im Innenhof errichtet werden. Doch das war nicht möglich, stellte es doch insbesondere in den Abendstunden eine Belastung für die Bewohner dar. In einem Clearingverfahren setzten sich Investor, Bewohner und Behörde an einen Tisch und vereinbarten gemeinsame Regularien. Heute können sich sowohl Bewohner als auch Gäste an der idyllischen Anlage erfreuen. Die im Krieg zerstörten Teile der Remisengebäude wurden in zeitgemäßer Fassung im historischen Volumen wiedererrichtet. In die Erdgeschosse sind Modeläden und Galerien gezogen, in den Seitenflügeln werden Ferienwohnungen angeboten.

Projekt Zionskirche ↱ B 277

Zionskirchplatz

U *Rosenthaler Platz*

52.534408, 13.403880

Architekt: August Orth (1873), Projektentwurf: Meyer Grosse Hebestreit Sommerer (1998), Bauherr: Zionskirchgemeinde

Bei sinkenden Gemeindemitgliederzahlen und steigenden Bauunterhaltungskosten ist es oft notwendig, neue Wege bei der Nutzung vorhandener Kirchen zu gehen. So sah eine der Planungen der Zionskirchgemeinde ein Haus-im-Haus-Konzept im Innenraum der Zionskirche vor. Unter Beibehaltung des Raumeindrucks sollte auf der Hauptempore ein neues »Gemeindehaus« entstehen. Der nahezu frei stehende Körper

würde einen Gemeinderaum und einen Gruppenraum umfassen, die über Schiebeelemente miteinander verbunden werden können. In einer zweiten Baustufe sollten diese Räume zu einem Turm erweitert werden und eine Kirche in der Kirche beherbergen, die eine länger anwährende Sanierung des historischen Sakralbaus ermöglichen könnte. Infolge wieder steigender Besucher hat die Gemeinde vom Vorhaben inzwischen Abstand genommen und stattdessen schrittweise saniert. Die kriegsgeschädigte Außenhaut ist heute gesichert; einzelne Scheiben und Schmuckelemente wurden ersetzt und zugemauerte Fenster geöffnet.

St. Elisabeth-Kirche

B 278

Invalidenstraße 3
U *Rosenthaler Platz*
52.532925, 13.397260

Architekt: Karl Friedrich Schinkel (1835), Umbau: Klaus Block (1994/2006), Bauherr: Evangelische Kirchengemeinde St. Elisabeth

Um den »entsetzlichen Verfall des kirchlichen Lebens« aufzuhalten, ließ Friedrich Wilhelm III. 1833–1835 vier Vorstadtkirchen in den damals neu entstandenen Berliner Außenbezirken von Karl Friedrich Schinkel errichten – heute liegen sie alle im Bezirk Mitte. Sie waren nach einem Konzept gebaut: klassisch und bescheiden. Eine dieser Kirchen ist die St. Elisabeth-Kirche. Im Stil eines griechischen Tempels errichtet, repräsentiert sie den Schinkel'schen Klassizismus wie kaum ein anderes Berliner Bauwerk. Dem zweigeschossigen turmlosen Saalbau mit verputzten Außenwänden ist ein auf sechs Pfeilern stehender Portikus vorgelagert. Kapitelle und Basen, Gesimse und Fenstergewände sowie die Giebelgestaltung sind Zitate klassischer Vorbilder. Im Mai 1945 zerstörte eine Phosphorbombe den Bau bis auf die Außenmauern. Bis in die Neunzigerjahre blieb die Kirche eine Ruine. 1991 begannen, ermöglicht durch finanzielle Mittel vom Bund, dem Land Berlin und der Evangelischen Kirche sowie von der *Stiftung Deutscher Denkmalschutz*, erste Arbeiten mit der Beräumung. Bis 1994 wurden Mauern gesichert, die Gesimse ergänzt und es wurde ein Notdach aufgebracht. Seit September 2006 werden die Instandsetzungsarbeiten sukzessive fortgesetzt.

Verkehrsberuhigung Nahbereich St. Elisabeth-Kirche

B 279

Rosenthaler Platz

52.533549, 13.397199

Architekt: Bezirksamt Mitte (2006), Bauherr: Bezirksamt Mitte

Zum angenehmen Wohnen gehört mehr als nur eine gute Wohnung. Viele Anwohner der Rosenthaler Vorstadt forderten weniger Verkehr und mehr Sicherheit auf den schmalen Straßen ihres Quartiers. So wurde gemeinsam mit ihnen und Fachleuten ein Verkehrsberuhigungskonzept erarbeitet. Dabei sollten jedoch auch die denkmalpflegerischen Auflagen eingehalten werden – ein großer Anspruch an die Planer. 2003–2006 wurde das Konzept im »Nahbereich St. Elisabeth-Kirche« umgesetzt. Dazu gehörten die Erneuerung und der Ausbau der Gehwege sowie die Verschmälerung einiger Fahrbahnen. Neue Verkehrsregelungen wurden getroffen, außerdem wurde eine neue Ampelanlage an der Kreuzung Ackerstraße/Invalidenstraße installiert. Zusätzliche Straßenbäume und neue Straßenleuchten sorgen für eine Verbesserung des Straßenraums. Überall wurde großer Wert auf die Gestaltung gelegt, bevorzugt wurden traditionelle, natürliche Materialien. Das Ergebnis ist eine deutlich verbesserte Wohnsituation für die Anwohner und eine höhere Sicherheit im Straßenverkehr vor allem für die im Quartier lebenden Kinder.

Wohn- und Geschäftshaus

B 280

Elisabethkirchstraße 14

Rosenthaler Platz

52.533472, 13.395844

Architekt: unbekannt (1862, 1871), Sanierung: Lutz Mauersberger (1996), Bauherr: Eigentümergemeinschaft

Das 1862 errichtete dreigeschossige Vorderhaus ist Teil der Erstbebauung des Gebiets und gehört damit zu den ältesten Gebäuden in der Rosenthaler Vorstadt. Anfang der Neunzigerjahre war die Bausubstanz, auch im später erbauten Seitenflügel, aufgrund des jahrelangen Verfalls stark geschädigt. Die Bewohnergemeinschaft, darunter viele Studenten und Arbeitslose, schloss einen Nutzungsvertrag ab und erhielt 1993 öffentliche Fördermittel aus dem Selbsthilfeprogramm des Landes Berlin. Über drei Jahre lang setzten die Mieter das denkmalgeschützte Gebäude selbst instand und modernisierten es auf einen zeitgemäßen Standard. Der Hof wurde entsiegelt und mit Kräutergarten und Kirschbaum fantasievoll begrünt, auf dem Dach winkt weithin sichtbar eine Metallskulptur. Der Architekt siedelte sich in der Remise an. 1995 konnten die Selbsthelfer das Gebäude von der Wohnungsbaugesellschaft Berlin-Mitte erwerben. Dieses Objekt ist einer der vielen Bausteine des Vorhabens, eine gemischte Bewohnerstruktur auch nach den Sanierungen zu erhalten.

Kleinkinderspielplatz

B 281

Strelitzer Straße 5–6
U *Rosenthaler Platz*
52.534302, 13.396652

Architekt: Bezirksamt Mitte (2007), Bauherr: Bezirksamt Mitte

Aufgrund ungeklärter Eigentumsverhältnisse verzögerte sich Bau des dringend benötigten Kleinkinderspielplatzes auf den brachliegenden Grundstücken Strelitzer Straße 5 und 6 um einige Jahre. Nach einer umfangreichen Anwohnerbeteiligung inklusive diverser Workshops mit Erwachsenen und Kindern konnte letztlich 2006 mit der Errichtung begonnen werden. Das Grundstück befindet sich auf der eiszeitlichen Hangkante einer Talniederung und weist ein entsprechendes Gefälle auf, das in die Gestaltung miteinbezogen wurde. Das gewählte Thema »Eiszeit« spiegelt sich in der Ausstattung wider: Dazu gehören ein »Archäologencamp« mit entsprechenden Gesteinsmaterialien im Umfeld sowie Spielgeräte und Holzskulpturen in Form von Mammutzähnen, versteinerten Schnecken und Ammoniten.

Wohn- und Geschäftshaus

B 282

Anklamer Straße 5
U *Bernauer Straße*
52.5341426, 13.395001

Architekt: unbekannt (1870), Sanierung: Köhler, Wolff + Partner (1999), Bauherr: Köhler, Wolff + Partner

1998 erwarben die Architekten Thomas Köhler und Roland Wolff das Grundstück und übernahmen selbst die Sanierung des schlecht erhaltenen Ensembles aus Vorderhaus, Seitenflügel, Remise und großem Hof. Ihre Vision: ein Haus mit vielen Familien und Kindern sowie einem begrünten Hof zum Spielen und Erholen, die Verbindung von Wohnen und Arbeiten, auf individuelle Bedürfnisse abgestimmte Grundrisse, eine ökologisch wie auch sozial verträgliche Sanierung mit moderaten Mietpreisen. Wer von den Altmietern bleiben wollte, der blieb. In die anderen Wohnungen zogen nach der Modernisierung vor allem Familien mit Kindern ein – auch die Familien Köhler und Wolff. In der wiederhergestellten Hofremise, einer ehemaligen Schlachterei, haben die Architekten ihr Büro eingerichtet. Besonders gelungen ist die behutsame Verbindung von Alt und Neu bei der Modernisierung. So besitzt die Remise nun eine verglaste Vorderfront, die ihren Nutzern einen schönen Blick auf den mit dem Nachbargrundstück zusammengelegten, gemeinsam gestalteten Hofgarten verschafft. Das hier praktizierte Modell der selbstnutzenden Eigentümer, die sich darüber hinaus stark für das Quartier engagieren, führte zu einer hohen sozialen Stabilität der Bewohnergemeinschaft. Zudem schätzen die hier lebenden Familien die Ruhe des Wohnquartiers, die gefestigten Nachbarschaften, die Nähe von Kindertagesstätten und einer Schule sowie die gute soziale Infrastruktur, die im Zuge der Sanierung des Quartiers entstanden ist.

Stadthäuser an der Versöhnungskirche

B 283

Bernauer Straße 5–8d
U Bernauer Straße

Architekt: diverse (2009/2010), Bauherr: privat

Die Rosenthaler Vorstadt begann Mitte des 18. Jahrhunderts unter dem Namen Neu-Voigtland als Reihenhaussiedlung – heute wiederholt sich die Geschichte auf dem Mauerstreifen. Unter dem Projektnamen »Stadthäuser an der Versöhnungskirche« wies die Stadtentwicklungsverwaltung etwa 30 schmale Grundstücke mit Erbbaurecht aus. Während in der Strelitzer Straße 54a–r uniforme Klinkerreihen entstanden sind, bildet die Bernauer Straße 5–8d einen dorfangerartigen Cluster. Aus den Wünschen der Bewohner resultierten 16 individuelle Zweieinhalbgeschosser.

Mauergedenkstätte Denkmal Berliner Mauer

B 284

Bernauer Straße 111
U Bernauer Straße

Umbau Mauerstreifen: Kohlhoff & Kohlhoff (1997), Architekt Aussichtsturm: Zerr Hapke Nieländer (1999), Bauherr: Land Berlin

Baut die Mauer wieder auf! Das mochte Mitte der Neunzigerjahre eine oft gehörte Stammtischparole sein – politisch korrekt erinnerte man sich der Berliner Mauer nur in Form ihrer Überwindung: graffitibesprüht und kleingehackt. Umso mehr verstörte zunächst das Mahnmal, für das der seit 1990 unter Denkmalschutz stehende Mauerstreifen an der Ackerstraße nicht nur konserviert, sondern mit allen Schikanen rekonstruiert wurde: Minenfeld, Postenweg und Peitschenlampen – alles scheint hier nagelneu. Da der Mauerbau nur auf 64 Metern wiederholt werden konnte, installierten die Architekten von Kohlhoff & Kohlhoff an den Enden zwei sich gegenüberstehende, innen polierte Stahlwände, welche die »Grenzmauer 75« deutlich überragen und sie optisch ins Unendliche verlängern sollten. Zwar funktioniert diese Spiegelung nicht – doch ist der Todesstreifen allemal für eine Gänsehaut gut: Nur mit dem Auge zu betreten (durch daumendicke Fugen in der Hinterlandmauer oder vom Aussichtsturm des Dokumentationszentrums gegenüber), wirkt die Abriegelung fast so hermetisch wie einst. Überdies erzeugen die rostigen Außenseiten der neuen Einfassung so deutlich Assoziationen zum »Eisernen Vorhang«, dass auch bei der Erweiterung der Gedenklandschaft Cortenstahl zum Einsatz kommen wird.

Kapelle der Versöhnung

B 285

Bernauer Straße 4

U *Bernauer Straße*

52.538629, 13.397616

Architekt: Rudolf Reitermann, Peter Sassenroth mit Martin Rauch (1999), Bauherr: Evangelische Versöhnungsgemeinde

2006 beschloss der Berliner Senat für die Stadt ein »Mauergedenkstättenkonzept«, mit dem die unterschiedlichen Erinnerungsorte in einen erkennbaren Zusammenhang gebracht werden sollen. Kernbereich des Konzepts ist die Bernauer Straße mit dem bis heute weitgehend unbebauten Mauerstreifen. Ein wesentlicher Teil der Erinnerungslandschaft ist neben dem Dokumentationszentrum und der *Gedenkstätte Berliner Mauer* die 1999 errichtete *Kapelle der Versöhnung* auf dem Mauerstreifen. Sie greift den Namen der nach dem Mauerbau im Todesstreifen stehenden und 1985 von der DDR-Führung gesprengten Versöhnungskirche auf – und verbindet ihn zugleich mit dem Versöhnungsauftrag an einem Ort im ehemaligen Grenzbereich. 1995 erhielt die Gemeinde ihr »Mauergrundstück« mit der Auflage der Sakralnutzung zurück. Die geretteten Glocken der alten Kirche wurden am ursprünglichen Ort wieder in Gebrauch genommen und der ebenfalls bewahrte Altar wurde in der neuen Kapelle aufgestellt. Nach den Plänen der Berliner Architekten Peter Sassenroth und Rudolf Reitermann entstand auf den Fundamenten der alten

Sprengung der Versöhnungskirche, 1985

Kirche die *Kapelle der Versöhnung* als ein Ort der Besinnung und Andacht. Sie ist das erste große öffentliche Neubauprojekt in Stampflehmbauweise seit über 150 Jahren in Deutschland und gilt als eines der schönsten Beispiele moderner Sakralarchitektur. Umbaut wurde der frühere Chorraum – der markierte Grundriss der alten Kirche ist frei und erkennbar geblieben. Im Eingangsbereich des Grundstücks wurden die historischen Glocken in einem Läutegerüst aufgehängt. Über der ausgegrabenen Kellertreppe mit Resten der beim Mauerbau zugemauerten Kellertür der vormaligen Versöhnungskirche ist die Nische für das alte Altarbild errichtet, die als Lichtschacht das kupferbeschlagene Dach überragt. Daran schließt der ovale Kern der Kapelle mit massiven, 60 Zentimeter dicken Stampflehmwänden an, umschlossen von einer transluzenten Hülle aus schlichten Holzlamellen.

Objekte*

Architekten/Künstler*

Straßenregister*

* Sortierung nach Projektnummern

Die Autorin

Dorothee Dubrau, Architektin und Stadtplanerin. Bezirksstadträtin für Bauen in den Berliner Bezirken Mitte (1990–1996) und Prenzlauer Berg (1996–2000). 2001–2006 Bezirksstadträtin für Stadtentwicklung in Berlin-Mitte. Seitdem Dozentin für Städtebau und Regionalplanung an der Technischen Universität Darmstadt und an der Beuth-Hochschule in Berlin.

Abbildungsnachweis*

Bädicker, Klaus 131 or, 132 m, 141 u, 143 ur
Beirle González, Christian 72 u
Bezirksamt Mitte 33 u
bpk Bildarchiv Preußischer Kulturbesitz 52 ol
Bredt, Marcus 39 u, 145 or
Bundesamt für Bauwesen und Raumordnung 187
Dahm, Kerk-Oliver 158 or, 159
Dauth, Stefan 92, 93 o, 176 o + u
David Chipperfield Architekten 52 u, 54 o
Deutsche Bahn AG 30 u, 33 o
Deutsche Telekom AG 98 o
Dubrau, Christian 63 o, 78 u, 96 o, 103 m, 104 ol + or, 108 ur, 119 ur, 123 u, 154 or, 157, 163 o, 177 u
Dubrau, Dorothee 108 ul, 130 ol, 132 u, 140 o, 144 o + u, 149 u, 181 u, 186 u
Dubrau, Philipp 37 u, 38 or, 43 or, 55 o, 75 o, 104 ul + ur, 110, 111 m, 121 o, 146 u, 154 ol, 155 o + u, 162 o, 172 u, 182 u, 183 u, 190 or, 200 ol
Eberle & Eisfeld 73
Gebers, Dagmar 22 o, 26 ol, 28 or, 100 ol, 127 or + u, 129 m, 134 ol + or, 190 ol, 194 ul + ur
Görner, Reinhard 174 o
Gottwald 199 ol
Greuner, Sebastian 80
Grün Berlin GmbH 147 ul
Haddenhorst, Michael 28 ol + u
HG Merz Architekten 53, 55 u
Huthmacher, Werner 158 ol
Illinois Institute of Technology 70 u
Imaging Atelier 2007 52 or
iStockphoto/hsvrs 100 or
iStockphoto/naphtalina 49
iStockphoto/totalpics 101
Joosten, Hanns 44 o + u, 122 ol
Kalender Jahresbauten (DDR 1980) 143 ul
Koordinationsbüro zur Unterstützung der Stadtentwicklung in Berlin 127 ol, 131 ol, 132 o, 138 o, 141 o, 143 or, 195 or, 197 u, 198 ol + or
Koren, Shlomo 118 o
Kroll, Bernhard 107 u
Kühne, Thilo 93 u
Lampe, Bernd 24 ol
Lampen, Anne 195 ol
Landesarchiv Berlin 201 o
Landesbildstelle Berlin 179 ur
Landesdenkmalamt Berlin 172 u, 179 o
Langhof® 45 o
Levin Monsigny Landschaftsarchitekten 150 ul + or
Liebrecht, Stefan 27 ml + mr, 29 u, 38 ol, 41 u, 43 ol, 48 u, 62 o + u, 82 ol/or/u, 94 u, 95 mr, 99 o, 151 u, 156 ul, 173 or, 174 ul
Lützow 7 · Cornelia Müller/Jan Wehberg 24 or, 26 or, 146 o
Mark Braun Architekten 128 u
MEAG Munich ERGO Asset Management GmbH 76 ol + u
Megaposter GmbH 6 or, 56 u
Meinel, Udo 47 u
Meuser, Natascha 209
Meuser, Philipp 4/5, 6 ol + ur, 7, 11, 12/13, 14, 15, 18/19, 22 m, 23, 26 u, 27 o, 30 o, 31, 32, 34/35, 36, 40 ul, 41 o, 42 o, 43 u, 45 u, 46 o + u, 47 o, 48 o, 50, 51, 54 u, 58/59, 60, 63 u, 65–69, 70 o + ul, 71, 74 or, 75 u, 76 or, 81 ol + or, 83 ul + ur, 84, 85 o, 86–89, 90 ol, 91, 94 ol + or, 95 o + ul, 96 u, 97, 98 u, 99 m + u, 102, 103 o + u, 105 ul + ur, 106 o + u, 107 o, 108 o, 109, 111 o, 112–117, 118 u, 119 o, 120, 121 u, 123 o, 124/125, 126, 128 o, 130 or, 131 ul + ur, 133 o + m, 134 u, 135 o, 136, 137, 138 u, 140 u, 143 ol, 145 ol, 147 o, 148 ol + or, 149 ol + or, 150 o, 151 o, 152/153, 160, 161 o + u, 162 u, 163 u, 164 o + u, 165, 167–171, 172 o, 173 ol + u, 175, 177 o, 180 o, 181 o, 182 o, 183 o, 184/185, 186 o, 188 u, 189, 190 u, 191–193, 194 o, 195 u, 197 o, 200 or + u, 201 u, 211, 222/223
Monath, Gert 142
Moskau GmbH 166 o + u
Müller, Stefan 24 m, 25 u, 29 o, 72 o, 90 or, 122 or, 156 o + ur, 174 ur
Nemec, Ivan 95 ur
Neumeier, B. 178 o/ul/ur
Paffrath, Ludger 129 ul
Palmin, Juri 105 o
Radke, Carola (Museum für Naturkunde) 188 o
Riehle, Thomas 78 o
RKW Architektur und Städtebau 40 ur, 74 ol
Ruffer 199 or + u
Savorelli, Pietro 25 o, 61 o + u
Schönberger, Bernd 135 u
Schrödter, Michael 148 u
Schulz, Katrin 77 or
Searing, Jim 64
Stella, Franco 56 o, 57
Suzuki, Hisao 6 ul, 139
Thierfelder, Jürgen 39 o, 79 u, 196 ol + or
Trzeciok, Peter 179 ul
TV Turm Alexanderplatz Gastronomiegesellschaft mbH 37 o
Ullman, Micha 79 o
Valentyn, Thomas van den 85 u
Vattenfall AG 180 u
Vivico Real Estate GmbH 77 ol
Wille, Ommo 119 ul
Wille, Tobias 90 ur
Willebrand, Jens 129 o + ur
www.diephotodesigner.de 8
Zscharnt, Ute 90 ul
Zwickert, Gerhart 42 u, 147 ur

* Sortierung nach Seitenzahlen

A
SCHIFF-
FAHRTS-
KANAL
NORDHAFEN
272
271
BERLIN-SPANDAUER-
Güterbahnhof
Sportplatz
Poststadion
Fritz-Schloß-
Park
Heinrich-
Zille
Siedlung
MITTE
014
C
Carl-von-
Ossietzky-
Park
Justizvollzugsanstalt Moabit
Washington-
Perleberger Brücke
Mettmannplatz
Tennisplätze
Stadtbad
Tiergarten
Hallenbad
Minna-Cauer-
Invaliden-
Ingeborg-Drewitz-Allee
Moabit
Hauptbahnhof
Lehrter Bahnhof

264
265
266
267
268
270
ehem. Stadion der Weltjugend
Ernst-Reuter-
Siedlung
Schwartzkopffstr.
Nordbahnhof
Zinnowitzer Str.
Invaliden-
park
Platz vor dem
Neuen Tor
Robert-Koch-
Platz
Oranienburger
Tor
Oranienburger Tor
Humboldt-Universität Berlin
KANAL
Spreebogenpark
Karlplatz
Brecht-Platz
Bahnhof Friedrichstraße
Bundestag

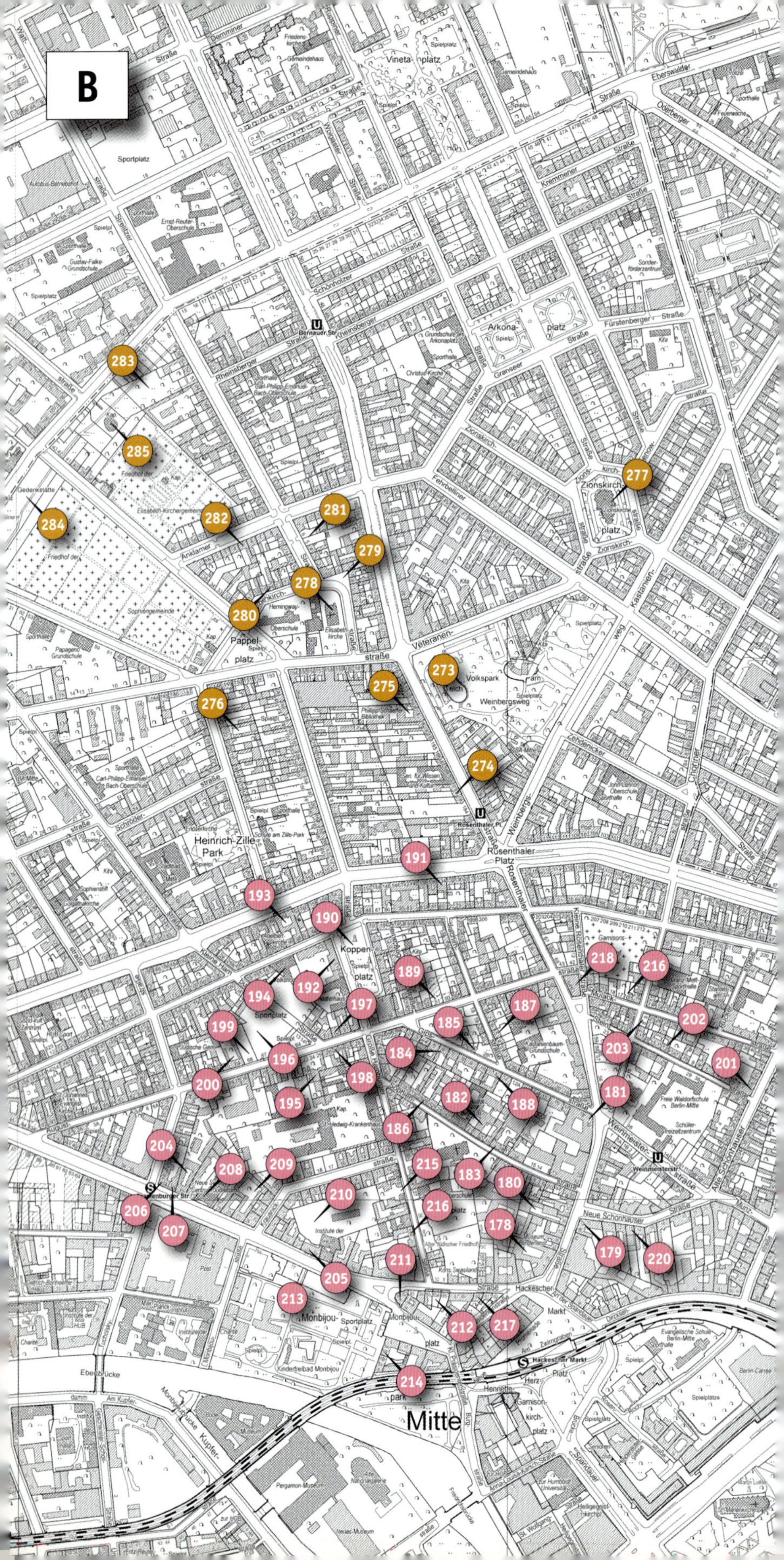
B
Sportplatz
Vineta-platz
Eberswalder
Oderberger
Kremmener
Ernst-Reuter-Oberschule
Gustav-Falke-Grundschule
Schönholzer
Bernauer Str.
Rheinsberger
Arkona-platz
Fürstenberger Straße
Granseer
Christus-Kirche
Zionskirch-platz
Fehrbelliner
Anklamer
Gedenkstätte
Friedhof der
Sophiengemeinde
Pappel-platz
Hemingway-Oberschule
Elisabeth-kirche
Veteranen-straße
Volkspark
Weinbergsweg
Zehdenicker
Kastanien-
Rosenthaler Pl.
Rosenthaler Platz
Heinrich-Zille Park
Koppen-platz
Sportplatz
Weinmeisterstr.
Neue Schönhauser
Monbijou-park
Sportplatz
Kinderfreibad Monbijou
Hackescher Markt
Ebertbrücke
Mitte
Pergamon-Museum
Neues Museum
Heilige-Geist-Kirche
Berlin Carrée
Papageno Grundschule
Sporthalle
Straße
273
274
275
276
277
278
279
280
281
282
283
284
285
178
179
180
181
182
183
184
185
186
187
188
189
190
191
192
193
194
195
196
197
198
199
200
201
202
203
204
205
206
207
208
209
210
211
212
213
214
215
216
216
217
218
220

221
222
223
D
Danziger
Straße
Fröbelplatz
Kollwitzplatz
Jüdischer Friedhof
Schule am Senefelderplatz
Senefelder Platz
Senefelder-platz
Wörther
Sredzki-
Husemann-
Marienburger
Immanuelkirch-
Rykestr.
Belforter
Diedenhofer
Kolmarer
Mülhauser Straße
Raabe-
Heinrich-Roller-
Saarbrücker
Prenzlauer
Berg
Greifswalder
St. Nicolai- und
St. Marien-Friedhof II
Georgen-
Parochial-
Friedhof I
St. Nicolai- und
St. Marien-Friedhof I
Märchenbrunnen
Rosa-Luxemburg-Platz
Weydinger-
Mollstraße
Alexanderplatz
Bahnhof Alexanderplatz
Karl-Marx-
Schillingstraße
Otto-Braun-
Jugendverkehrsschule
Berolina-Oberschule

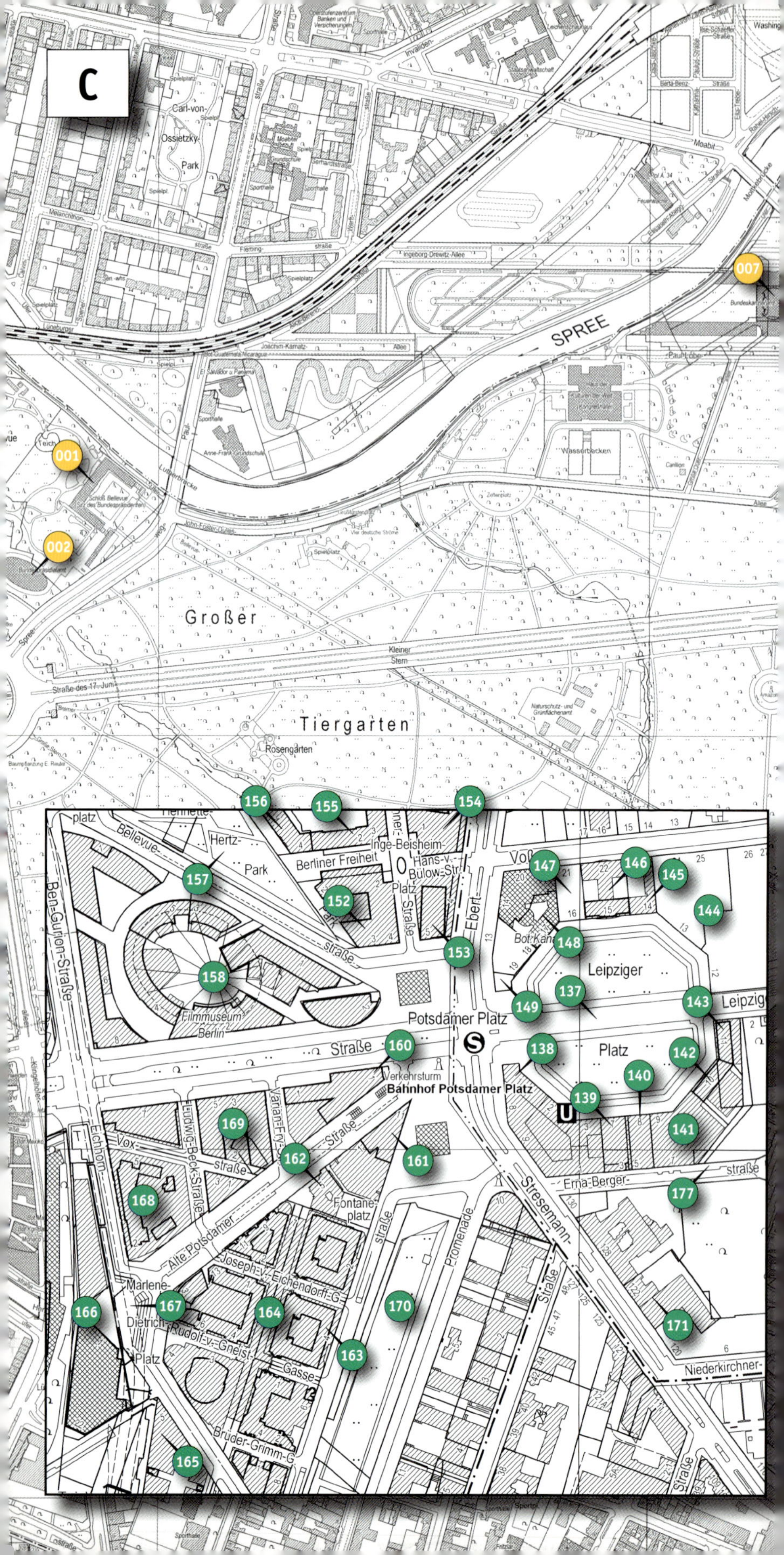
C
Carl-von-Ossietzky-Park
Invaliden-
Moabit
Ingeborg-Drewitz-Allee
SPREE
Paul-Löbe-
Joachim-Karnatz-Allee
Anne-Frank-Grundschule
Lutherbrücke
Schloß Bellevue
John-Foster-Dulles-
Wasserbecken
Großer
Tiergarten
Kleiner Stern
Straße des 17. Juni
Rosengarten
Naturschutz- und Grünflächenamt
001
002
007
Bellevue-
Hertz-
Park
Ben-Gurion-Straße
Berliner Freiheit
Inge-Beisheim-
Hans-v.-Bülow-Str.
Platz
Straße
Ebert-
Voß
Bot.-Kan.
Leipziger
Platz
Leipzig
Filmmuseum Berlin
Potsdamer Platz
Straße
Verkehrsturm
Bahnhof Potsdamer Platz
Eichhorn-
Vox-
straße
Ludwig-Beck-Straße
Varian-Fry-
Straße
Fontane-platz
straße
Promenade
Stresemann-
Straße
Erna-Berger-
straße
Alte Potsdamer
Joseph-v.-Eichendorff-G.
Marlene-Dietrich-Platz
Rudolf-v.-Gneist-Gasse
Bruder-Grimm-G.
Niederkirchner-
137
138
139
140
141
142
143
144
145
146
147
148
149
152
153
154
155
156
157
158
160
161
162
163
164
165
166
167
168
169
170
171
177

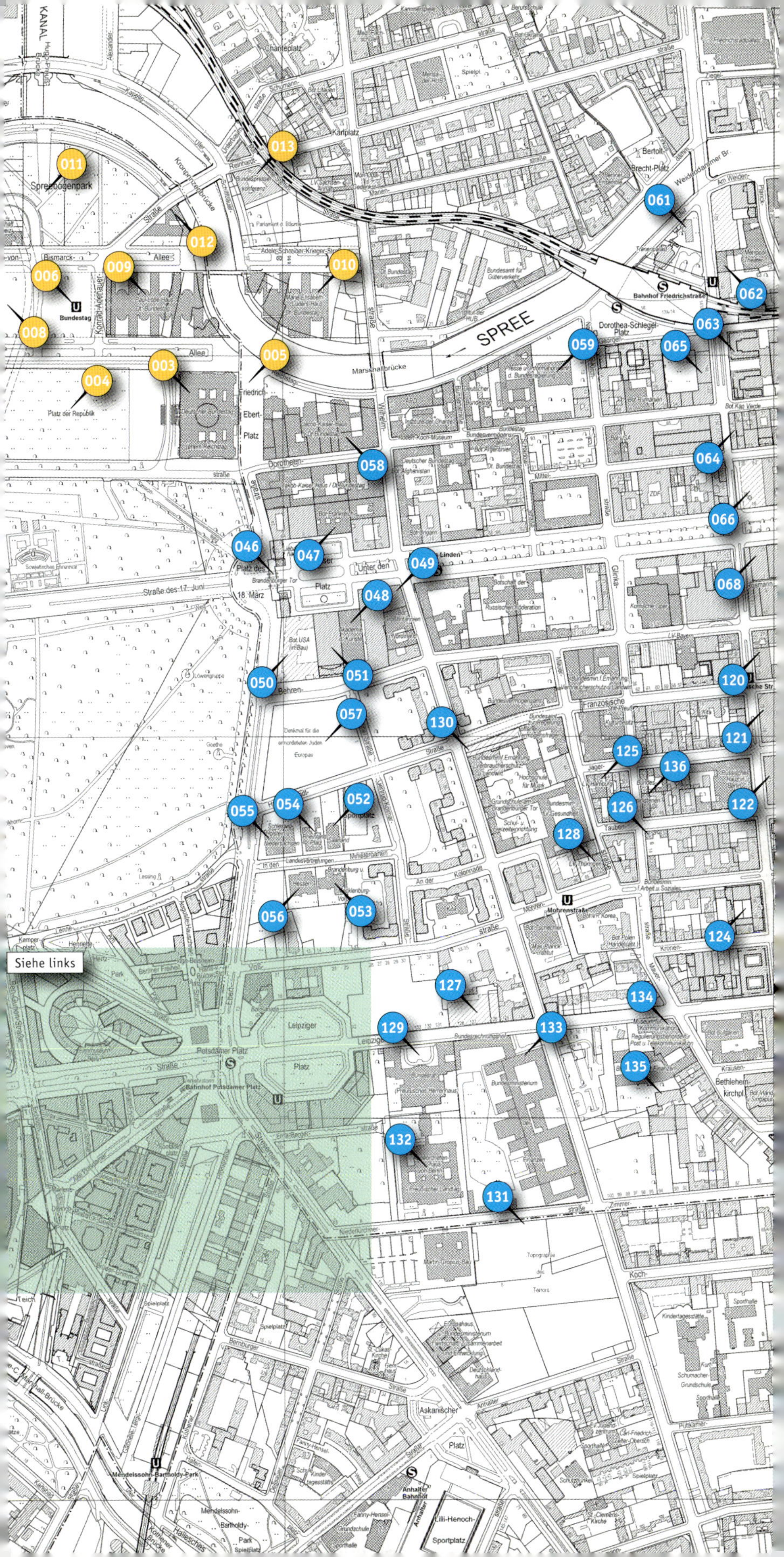

Siehe links
SPREE
Spreebogenpark
Bundestag
Platz der Republik
Chanteplatz
Karlplatz
Bahnhof Friedrichstraße
Dorothea-Schlegel-Platz
Bertolt-Brecht-Platz
Weidendammer Br.
Marschallbrücke
Friedrich-Ebert-Platz
Dorotheen-
Unter den Linden
Platz des 18. März
Brandenburger Tor
Straße des 17. Juni
Behren-
Französische
Jäger-
Tauben-
Mohrenstraße
Kronen-
Leipziger Platz
Potsdamer Platz
Bahnhof Potsdamer Platz
Krausen-
Bethlehemkirchpl.
Zimmer-
Koch-
Askanischer Platz
Anhalter Bahnhof
Mendelssohn-Bartholdy-Park
Lilli-Henoch-Sportplatz
Topographie des Terrors
011
013
061
062
012
010
009
006
008
063
059
065
005
003
004
058
064
066
046
047
049
048
068
050
051
120
057
130
121
125
136
052
054
055
122
126
128
056
053
124
127
134
129
133
135
132
131

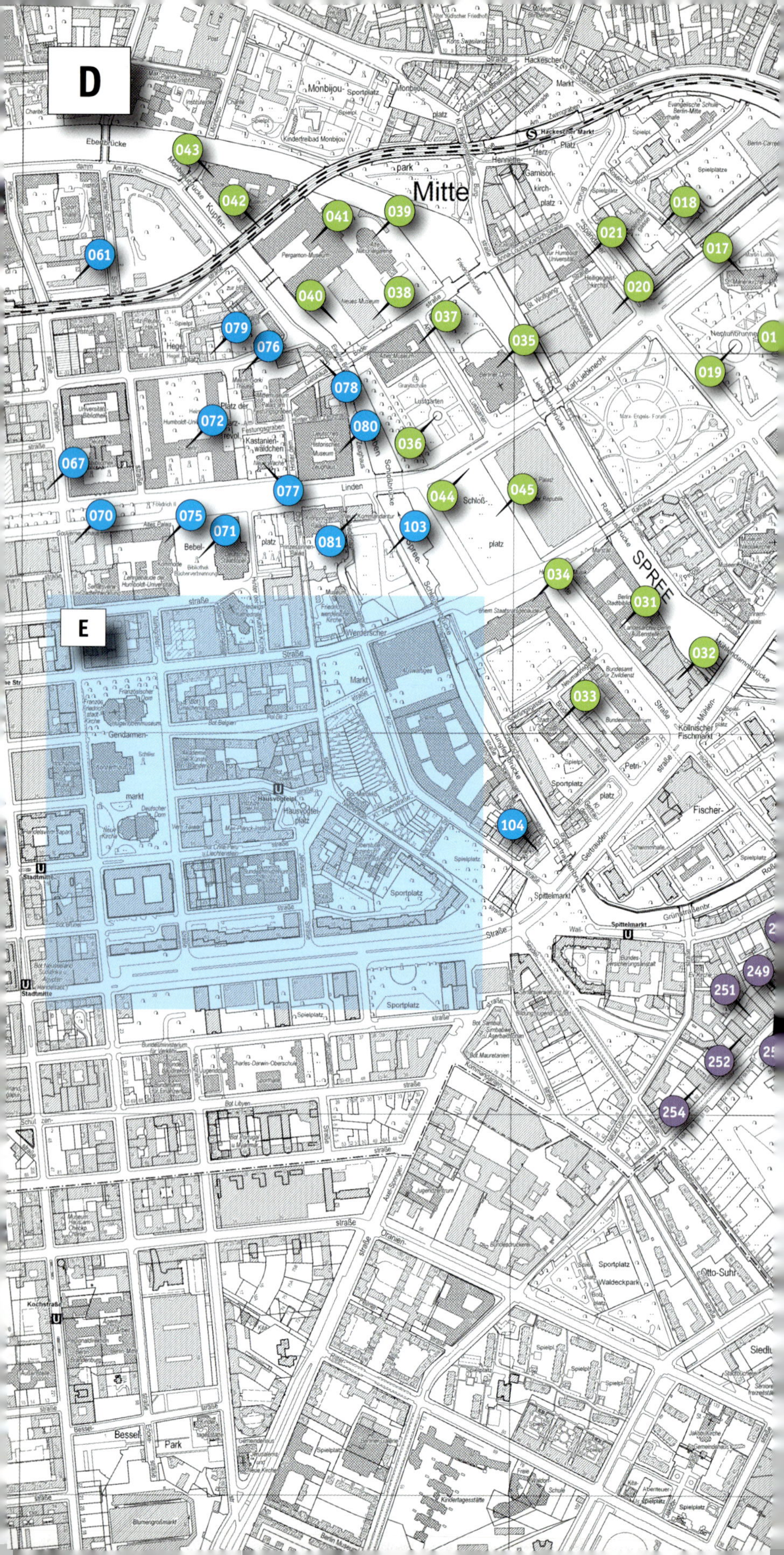

D
E
Mitte
SPREE
Monbijou-
Sportplatz
Hackescher Markt
Neptunbrunnen
Marx-Engels-Forum
Lustgarten
Linden
Schloß-
platz
Gendarmen-
markt
Hausvogteipl.
Stadtmitte
Spittelmarkt
Fischer-
Sportplatz
Waldeckpark
Otto-Suhr-
Kochstraße
Bessel-
Park
Blumengroßmarkt
Oranien-
Petri-
Kastanien-
wäldchen
Werderscher
Markt
Hausvogtei-
platz
Bebel-
platz
Mühlen-
Charles-Darwin-Oberschule
Kindertagesstätte
Siedlu
043
042
041
039
061
040
038
037
035
021
018
017
020
019
01
079
076
078
080
036
072
067
077
044
045
070
075
071
081
103
034
031
032
033
104
2
249
251
252
25
254

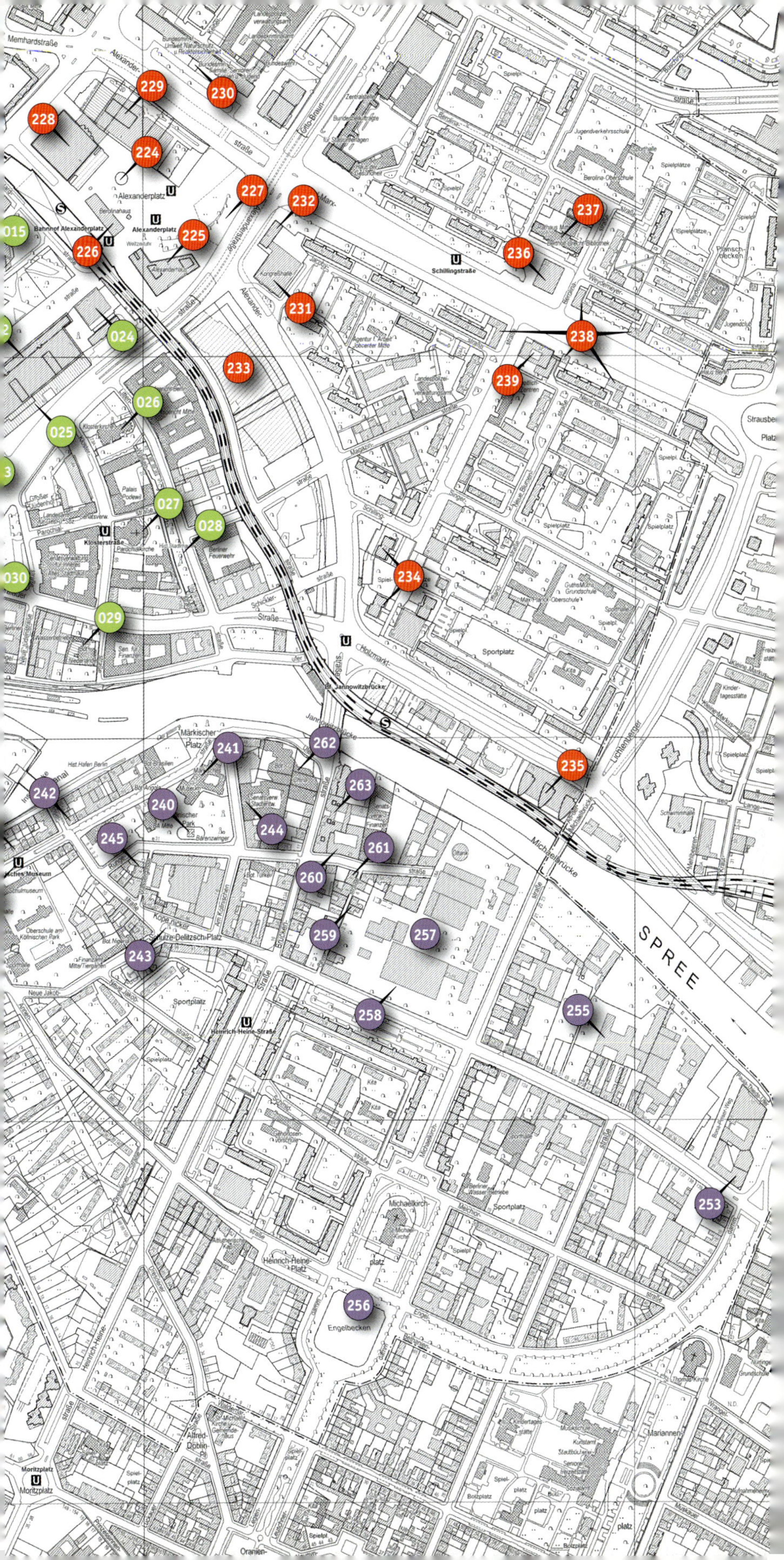

Memhardstraße
Alexanderplatz
Bahnhof Alexanderplatz
Schillingstraße
Klosterstraße
Br. Jannowitzbrücke
Märkischer Platz
Heinrich-Heine-Straße
Michaelbrücke
SPREE
Engelbecken
Heinrich-Heine-Platz
Schulze-Delitzsch-Platz
Moritzplatz
Sportplatz
Strausberger Platz
228
229
230
224
227
232
237
225
226
236
231
238
233
239
234
235
015
024
025
026
027
028
029
030
241
262
263
242
240
244
245
261
260
259
257
243
258
255
253
256

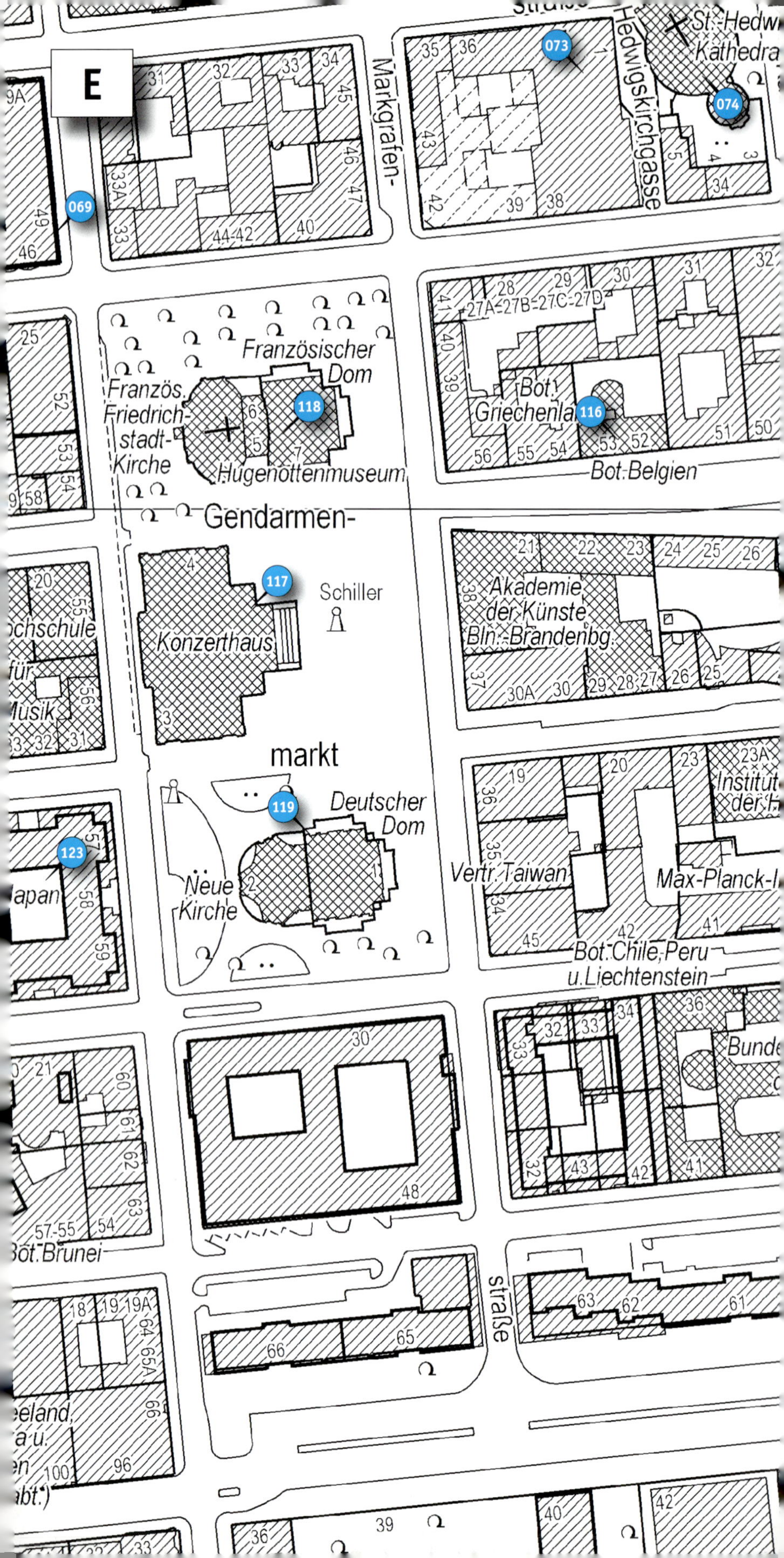

E
Markgrafen-
Hedwigskirchgasse
St.-Hedwigs-Kathedrale
Französischer Dom
Französ. Friedrichstadt-Kirche
Hugenottenmuseum
Bot. Griechenland
Bot. Belgien
Gendarmen-
markt
Konzerthaus
Schiller
Akademie der Künste Bln.-Brandenbg.
Hochschule für Musik
Deutscher Dom
Neue Kirche
Vertr. Taiwan
Institut der
Max-Planck-
Bot. Chile, Peru u. Liechtenstein
Japan
Bot. Brunei
straße
069
073
074
116
117
118
119
123

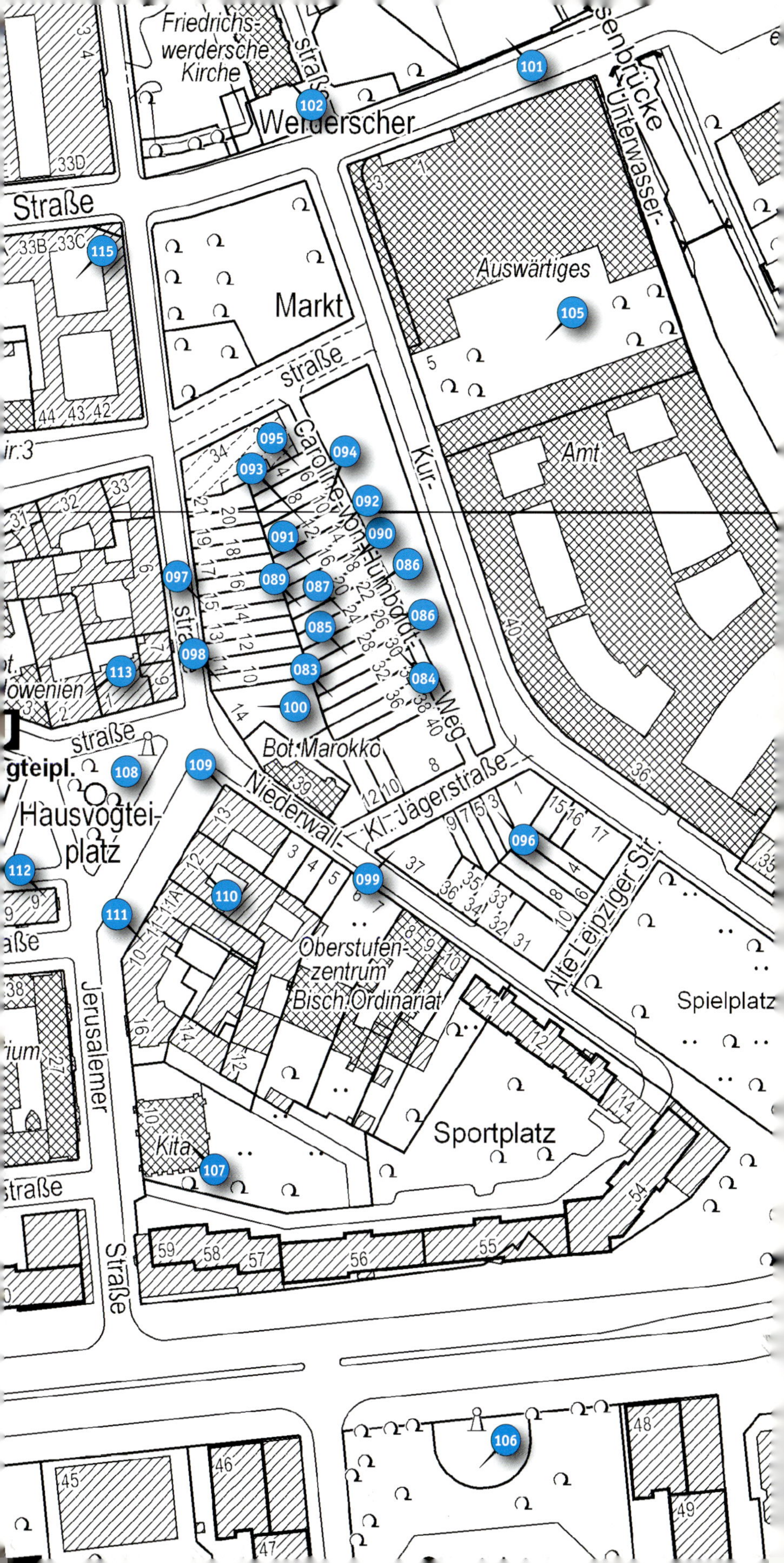

Friedrichs-
werdersche
Kirche
Werderscher
Straße
Markt
straße
Auswärtiges
Amt
Unterwasser-
Kur-
Caroline-von-Humboldt-Weg
Bot. Marokko
Niederwall-
Kl. Jägerstraße
Alte Leipziger Str.
Hausvogtei-
platz
straße
Oberstufen-
zentrum
Bisch. Ordinariat
Spielplatz
Sportplatz
Kita
Jerusalemer
Straße
101
102
105
115
095
094
093
092
091
090
086
097
089
087
086
085
098
113
083
084
100
108
109
096
099
112
110
111
107
106

Die *Deutsche Bibliothek* verzeichnet diese Publikation in der *Deutschen Nationalbibliografie*. Detaillierte bibliografische Daten sind im Internet abrufbar über http://dnb.ddb.de

ISBN 978-3-86922-211-0

Redaktionelle Mitarbeit
Dörte Becker (†), Cornelia Dörries,
Hans Wolfgang Hoffmann, Vivian Maempel,
Odette Mehnert, Ansgar Oswald,
Daniela Pogade, Ulrike Steglich,
Gerrit Wegener

Lektorat
Uta Keil

Grafische Gestaltung
Philipp Dubrau

Kartengrundlage
Vermessungsamt des Bezirks Berlin-Mitte

QR-Codes
Christoph Gößmann

Druck
Tiger Printing (Hongkong) Co. Ltd.,
Shenzhen/China

DOM
publishers